世界基準の子どもを育てる

成功する家庭教育

最強の教科書

ブルーマーブル英語教室代表
廣津留 真理
Mari Hirotsuru

講談社

PROLOGUE ●

家庭は世界へのアクセスポイント

親の意識が変われば子どもはみるみる変わる

英語を学ばせたい、学習塾で苦手な算数・数学を克服してほしい、習い事のピアノも頑張ってほしい……。子育て中のお母さん、お父さんは、お子さんのために精一杯努力しています。

でも、せっかくの努力の方向性は本当に正しいでしょうか。

21世紀の現代は、ヒトとモノとお金が国という枠組みを超えて自由に行き交うグローバル社会。すでに世界的な規模で問題を解決する時代になっています。たまたまどこで生まれたかという国籍などではなく、国を超えた地球規模の問題に一体何ができるかという一人ひとりの人間性と創造性が問われるようになっているのです。

私は、地元・大分で英語教室を主宰し、英語教育、家庭教育に関するセミナー・講演会を全国各地で行っています。これまで幼児から高校生まで4000人以上の子どもの指導をしてきました。そこにいらっしゃるお母さんやお父さんの多くは「10年先、20年先の社会でも、世界のどこでも生きていける子どもに育てたい」とおっしゃいます。私も同感。これからの子育てのミッションは、ますますの進展が予想されるグローバル社会で子どもたちがのびのびと活躍し、自分らしく幸せな人生を歩んでもらうことにあります。

遅まきながら**日本の文部科学省も、2020年より新学習指導要領を導入して教育改革に乗り出す指針を打ち出しており、これによって小中高の教育や大学入試が、グローバル化に対応するように大きく変化します。**とくに英語教育は小学校3、4年から始まり、5、6年生では正式科目となり、すでに中学入試にも英語を採用する学校が増えています。

それによって「先生だけが解答を持っており、それに合わせるように答える練習をする学習」や、「大人から指示されるまで待つ」「空気を読んで何も発言しない」「わかってくれないのは相手が悪いと不満を持つ」といった日本的な価値観で乗り切れた時代が終わりを告げようとしています。

寿命100年社会になると言われ、数々の職業がAIに取って替わられようとし、よりグローバルなトレードが浸透していく現代。

希望を持つ人は、ビジネスチャンスと捉えたり、イノベーションを起こして未来を作ろうとします。不安でいっぱいになり何も選択できない人は、ただ現状の制度を必死でこなすに留まります。

あなたのお子さんには、もちろん前者であってほしいはずです。そのためにまずは、大人に染みついている昭和的な発想を捨てる必要があります。**親の子育ての目的意識が変われば、子どもは必ず変わります。**

このような社会の変化に対応できるお子さんを育むのは、学校英語とは異次元のグローバルスタンダードの英語力であり、AI時代に対応する数学・科学技術力であり、趣味レベルを超越する専門性と創造性。さらにいうなら狭い専門性と得意分野に閉じこもって安住するのではなく、殻を打ち破って成長するアウトグロウ（outgrow）な姿勢も求められます。学校や学習塾に教育を丸投げする〝外注〟をしていて、果たしてこうしたグローバル社会で輝く子どもへと育てることはできるでしょうか。残念ながら、それは難しいと考えます。なぜなら、学校も学習塾もようやくグローバル対応を掲げはじめたばかりですが、先生たちにとっても未経験の分野である以上、その大半が表面的でマニュアル化された対応に留まってしまうのは必至だからです。

ひろつる式家庭環境作りで子育てのイライラも解消する

学校にも塾にも任せられないとはいえ、自分たちでグローバルスタンダードの英語や得意を伸ばす教育を授ける自信はない……。仕事や家事が忙しくてそんな時間はない。そう不安になるお母さん、お父さんも多いでしょう。でも、まったく心配は要りません。

家庭教育の役割は、子どもが主体的に学ぶ環境を作ってあげること。**主体的に学ぶ習慣を作ってあげれば、あとは子どもが自ら伸びていってくれます。忙しい親御さんほど、最**

初に環境作りをしておけば、あとがラクになるのです。

子どもが自ら学び、伸びていってくれたら、「どうして勉強しないの?」「どうして遊んでばかりなの?」という子育てのイライラも解消します。お母さん、お父さんがイライラせずにいつもリラックスしていたら、お子さんも委縮することなく、自らの可能性を自由に羽ばたかせられるという好循環が生まれます。

本書でお伝えする家庭環境作りの具体的な実践法は、私自身が、一人娘のすみれと一緒に行ったメソッドでもあります。実際に、私が娘に本書でお伝えする家庭教育を与えたのは、娘が10歳のときまで。あとは、娘の学習にいっさい口を出しませんでした。

娘は地元の公立の小中高に通い、塾に行かず、留学や海外滞在経験もないままハーバード大学に現役合格しました。

ハーバード受験を決めたのも彼女の意志。インターネットで受験方法を調べ、気づくとある日、自室のパソコンでスカイプ面接を受けていました。ドア越しに、大声で笑いながら海の向こうのハーバードの先生とトークする娘の声が聞こえてきたとき、我が娘のことながら「なんて度胸があるんだろう!」と思ったものです。**娘はこの英語によるコミュニケーション能力を100%日本の家庭で身につけたのです。**

たとえ留学したりしなくとも、家庭は十分に世界へのアクセスポイントになります。逆に言えば、自ら伸びる力を身につけなければ、無限にあるはずの子どもの可能性は、学校や塾で教わる5教科に留まってしまうことになります。それは、あまりにももったいないことだと思いませんか？

幼児から学年を問わず、3つの条件でメキメキ伸びる

本書ではたとえば、日本にいながら英語がみるみる上達する家庭での自学メソッドを公開します。私が提唱しているひろつるメソッドで、**基本となる英語力を家庭で自学し、「読む」「聞く」「話す」「書く」の4技能を伸ばせば、英語を始めてあっという間に中学卒業程度の英検3級レベルになります。**

普通の児童英語教室では5年経っても中学初級程度の英検5級レベルにすら到達しないのですから、これは驚くべき成果。家庭で自分の興味のある文章を英語と日本語でたくさん読み、英語と日本語を同時に伸ばせば、家庭教育で英語力はメキメキとグローバルレベ

ルまで高まります。

さらには、英語の上達に不可欠なコミュニケーション力そのものを高める家庭環境の作り方もお伝えします。**家をオープンスペース化して小さいうちから多くのゲストと交流していれば、背景の違う大勢の人たちとオープンマインドに触れ合う姿勢を身につけられ、グローバルな感受性、寛容性、表現力、コミュニケーションなどが磨かれるのです。**

これらのメソッドはけっして難しいものではありません。「うちの子はもう高学年だから遅いかしら」ということもありません。

家庭教育に必要なものは3つだけ。それは、お母さん、お父さんの①**お子さんの可能性を信じる気持ち、②お子さんへの100%無条件の愛、③ユーモア**、です。

なぜ家庭教育にユーモアが欠かせないかというと、お互いの失敗も笑い飛ばせるくらいの心の余裕や、緊張せずに何でも発言できる家庭のリラックスした雰囲気こそが、子どもがのびのびと成長できる土壌になるからです。

この3つの条件をいつも忘れずにいられたら大丈夫！　みなさんも、家庭教育と子育てを笑顔で楽しみながら、お子さんの未来を明るく照らしてあげてください。

PROLOGUE 家庭は世界へのアクセスポイント

親の意識が変われば子どもはみるみる変わる……003
ひろつる式家庭環境作りで子育てのイライラも解消する……006
幼児から学年を問わず、3つの条件でメキメキ伸びる……008

CHAPTER 1 家庭教育で伸ばす グローバル時代を生き抜くための5条件

ハーバード生も家庭教育の恩恵を受けている……020
学校や塾では教えてくれない社会で生き抜くための5条件……023

家庭教育は準備が10割。あとはニコニコ見守るだけ……029

CHAPTER 2

リビング学習で自己肯定感とコミュニケーション力を育てる

家家庭教育の成功を決めるのは大テーブル……034
ハーバード生の家のリビングには必ず本棚がある……037
シンプル・イズ・ベスト。整理整頓よりも、捨てることを意識……040
宿題の答えは丸写しで、〝暗記脳〟を育てる……043
会話と笑顔が生まれる自作プリント学習……045
宿題は会話のネタ元。リビングで家族みんなで取り組む……047

リビング学習の目的は監視ではない……049
アクティブ・ラーニングこそリビング学習で行う……051
リビング学習版アクティブ・ラーニング
第1段階《親による一方的で客観的な描写》……053
リビング学習版アクティブ・ラーニング
第2段階《テーマを決めた親と子の対話》……056
リビング学習版アクティブ・ラーニング
第3段階《子どもに論理国語で説明させる》……061
名付けて「マルタ・アルゲリッチ方式」。
突然始めて子どもを巻き込み、飽きる前にやめる……068
「ハビング・ファン」なのか「プロクラ」なのか。
メタ認知で子ども自身にはっきりと意識させる……071

CHAPTER 3

グローバル対応の英語力は家庭で伸ばす

2020年度から変わる英語教育。そのポイントは大きく3つある……076
指導要領が変わっても英語は英語。学校に頼らず家庭教育で対応できる……078
目標は18歳でアカデミック英文を読み書きできること……080
スタートダッシュが肝心。ロケット噴射で子どもを伸ばす……086
大量にインプットするからアウトプットができるようになる……088
家庭での音読から始めて子どもの英語力を引き上げる……090
単語を知らないと英語は上達しない。暗記がすべてを決める……094
オリジナル英単語カードで1歳から暗記を始める……096
英語の読み方習得はなぞり読みが最強……102
小学生のうちに英検準2級までの英単語を暗記する……104

1日5分！　1週間で100個の英単語を暗記する……107
“暗記脳”を育てるためには子どもをディスらず、ハグをする……117
文法学習はすっ飛ばしてセンテンスカード丸暗記……120
1日5分！　1週間で25本の英文を丸暗記する……126
ゲーム感覚で英語脳を磨く英文オリエンテーリング……132
英会話の基本パターンは5W1HとYes／Noクエスチョン……138
英語の音読には3つのスタイルがある……143
アプリを使ったシャドーイングで英語をきちんと読めて話せるようになる……145

CHAPTER 4

TO DOリストでグリットとマルチタスク力を身につける

家庭教育こそＴＯ ＤＯリストを活用する……150
ＴＯ ＤＯリスト活用で得られる5つの効果……151
まずは親がＴＯ ＤＯリストを活用。目標設定は子どもの実力プラス1で……154
親が率先してやってみせれば、子どももＴＯ ＤＯリストを活用する……158
一石二鳥！　1日のスケジュール決め&英語表現を丸暗記
ＴＯ ＤＯリスト・タイプ①1日編　（幼児／小学生用）……159
一石二鳥！　1週間をらくらく管理&英語表現を丸暗記
ＴＯ ＤＯリスト・タイプ②1週間編　（小学生／中高生用）……166
1万時間で得意を伸ばすためにグリットカードを作って活用する……170
アワードになるような中・長期的目標を定め、
今週するべきことを逆算するクセをつける……174

CHAPTER 5 手作り教材で暗記脳と表現力を養う

漢字の意味をインプットするゲーム式学習法……178
子どもが面白いように漢字を覚え出すオリジナル漢字カード……180
漢字に学年の壁はない。読みたい漢字はどんどん読ませる……184
絵本を手作りするといい3つの理由があります……186
手作り絵本も準備が10割。簡単な作り方を教えます……190
手作り絵本のストーリー例……194
「読み聞かせ派」ではなく「読んでもらう派」……195
音楽はグローバル力を高め、知能の発達を助けてくれる……200
手作りのスケールカードで、相対音感と譜読能力を高める……201

CHAPTER 6

ホームパーティでコミュニケーション力を磨き オープンマインドな子を育てる

リビングを子どもが自然にやって来たくなるオープンな空間にする……208
リビングでのホームパーティでオープンなマインドと感性を育てる……210
社交的でなくてもOK。肩の力を抜いてホームパーティをマネジメント……214
ひろつる流ホームパーティのマストアイテム7……217

EPILOGUE

復習 家庭教育で大切にしたい10カ条……223

CHAPTER 1

家庭教育で伸ばす グローバル時代を 生き抜くための5条件

ハーバード生も家庭教育の恩恵を受けている

これからのグローバル時代を力強く生き抜く子どもを育てられるのは、学校でも塾でもなく、お母さんとお父さんが主役となる家庭教育です。

そう言い切れるのは、次のような私の経験があるからです。私は一人娘のすみれに、できるだけ〝外注〟に頼らない家庭学習中心の教育を授けました。娘を妊娠している間に育児書を200冊ほど読んでいるうちに、家庭教育の重要性に改めて気がついたからです。

とくに史上最年少の20歳でアメリカの名門マサチューセッツ工科大学（MIT）の准教授になったエリック・ディメインさんを、学校に一切通わせない徹底した家庭学習で育てた父マーティンさんの本は印象的でした。マーティンさんはけっしてスパルタではなく、折り紙で数学を教えたり、散歩中に草花を観察して生物学を教えたりしていました。私もマーティンさんのように、生まれてくる子どもと楽しみながら勉強をしたいと思ったのが、家庭学習に注力するようになったきっかけの一つです。

家庭学習中心に育てた娘は、幼稚園には年長の1年のみ通い、あとは小中高と地元大分市の公立学校にずっと通いました。学習塾にも行かず、海外留学を一度も経験しないまま、2011年12月にアメリカのハーバード大学に現役合格。大学卒業後は、ニューヨークのジュリアード音楽院で学びながら、バイオリニストとして活動しています。

私が家庭学習を重視しないで、娘の教育をどこかの〝外注〟先にアウトソーシングしてほったらかしにしていたら、ハーバード合格はおろか、世界大学ランキング・パフォーミングアーツ部門で1位（2017年）のジュリアード音楽院で学ぶこともおそらくなかったでしょう。

娘を介してハーバード大学と縁ができた私は、2013年からサマー・イン・ジャパン（以下、SIJ）というサマースクールをやはり大分で（2017年は岡山でも）主催しています（写真1）。

写真1　SIJの様子。コンピュータのプログラミングや、プレゼンテーションのスキルをハーバード生から英語で学ぶ。

ＳＩＪの講師役には、私が作るオリジナル筆記テストと2次面接で、ハーバード大学でも極めて優秀な学生を選抜。国内外から延べ70〜１５０名ほど（年によって異なる）の小・中・高・大学生が集まり、英語でスピーチやビジュアルアート、コンピュータサイエンスなどを学んでいます。地域の子どもたちに英語を教えるアウトリーチイベントやハーバード生が企画運営演奏するクラシックコンサートなど、ＳＩＪ全体のプログラムには毎年約８００名が参加します。

狙いは、グローバル社会を生き抜くために求められる多様なスキルを身につけること。本書が提案する家庭教育をハーバード生たちがお母さん、お父さんの代わりになり、サマースクール形式で行っているイメージです。

そこで交流するようになったハーバード生たちに話を聞いてみても、口々に「家庭で両親との会話が多く、読書や学ぶことの素晴らしさを教えてくれたから、いまの自分がある」と早くから家庭学習の機会を与えてくれた両親への感謝の言葉を述べています。

学校や塾では教えてくれない社会で生き抜くための5条件

なぜ、学校や塾ではなく、家庭教育なのでしょうか。それは、これからのグローバル時代を子どもたちが生き抜いていくために欠かせない条件があり、それらを学校や塾ではけっして教えてくれないからです。

その条件とは5つ。**自己肯定感、英語力、グリット、コミュニケーション力、マルチタスク力**です。順番に説明しましょう。

①自己肯定感

家庭でしか伸ばすことのできない第一の条件、それは子どものポジティブな自己肯定感です。

自己肯定感とはその名の通り、自らを肯定的に評価する感情。なぜそれが何より重要な条件なのでしょうか。それは、自己肯定感が高いとあらゆる物事に積極的に関わろうという姿勢が生まれ、失敗を恐れずに新たなチャレンジができるから。チャレンジに失敗しても、「次はできるはずだ」という強い思いで再び前を向いて努力が続けられますから、試行錯誤を繰り返し失敗を乗り越えて、何事にも成功する確率が高まります。

こうした自己肯定感を養うのは、テストの点数のみを評価する学校や学習塾の減点主義的な発想ではありません。つねに子どものいちばん近くに寄り添い安心感を与えて、愛情を込めて褒めてあげる親以外いないのです。

それは、**「○○ができたからお利口ね」と褒める条件付きの愛情ではなく、「あなたがいてくれるだけで幸せ」という無条件の愛情**である必要があります。そう、**自己肯定感を養うのに必要なのは「アンコンディショナル・ラブ（どんなときも何があってもあなたの味方です）」と「フル・アテンション（いつもあなたを見守っています）」**。これらをお子さんに与えられるのは家庭教育だけです。

また、「こんなこと、うちの子にできるはずがない」と親自身が決めつけていると、子どもの自己肯定感が育つ邪魔をしてしまいます。親である自分が子どもの頃にできなかったからといって、我が子にできるはずがないと決めつけるのはかわいそう。お子さんには無限大の可能性があるのだと、まずお母さん、お父さんが信じてあげてください。

②英語力

言うまでもなく英語は、世界のチャンスとつながるためにもっとも重要なスキルの一つ。多くのお母さん、お父さんはグローバル社会の標準語になっている英語力だけは、我が子に身につけさせたいと考えています。

そのため小さいうちから英語教室に通わせなければ、と思っていますが、そういった児童向けスクールで教えている内容といえば、英語の歌を歌ったりゲームをしたり、ＡＢＣを書かせたり。これではいつまでたっても世界で通用する英語力は身につきません。英語力を効率よく伸ばす唯一の方法は、英語4技能（読む・聞く・話す・書く※77ページ参照）のベースとなる英単語を子どものうちから多く暗記しておくことです。

後述しますが、グローバル社会で通用する英文を読み書きし、ディスカッションやプレゼンテーションをできるようになるには、できれば1万5000語ほどの英単語を覚えている必要があります。ところが、2020年度からの新学習指導要領でも、高校卒業までに覚えるべきとされている英単語は4000〜5000語にすぎません。足りない分は、家庭での暗記で自学するしかありません。

そして、**暗記を軽視しないで、飽きずに暗記を続ける〝暗記脳〟を育てるのは、家庭学習以外にありません。**暗記脳で多くの英単語をインプットできたら、英語でどんどんアウトプットできる子どもに成長していくのです。

私が運営している英語教室に通う生徒さんたちは、この暗記脳を育てる方法を家庭学習でも実践しています。そのおかげで、幼稚園児が英検準2級（高校中級レベル）に合格したり、留学経験のない高校生が1級に合格したり、という例が続出しています。

③グリット

グリットとは「やり抜く力」。アメリカの心理学者アンジェラ・リー・ダックワースさんの研究がきっかけとなり、注目されるようになりました。自らの個性を活かせる得意分野を作って伸ばすには、1日3〜4時間の地味すぎる練習やトレーニングをコツコツと積み重ねることが求められます。何事も「継続は力なり」ですが、グリットがないと自分の得意を伸ばす試みを途中で諦める恐れもあります。**才能とは「何かを続けること」だとされますが、その原動力となっているのはグリット。**グリットも家庭教育で伸ばせる能力の一つです。

音楽を突き詰めたとしても、全員が音楽家として活動できるわけではありません。でも、仕事は専門領域の周辺にあるとされています。一つの得意分野や専門分野にこだわらず、前述のようにそこからアウトグロウするのが理想。何かを突き詰めるだけのグリットが養われていればアウトグロウも容易でしょう。

④コミュニケーション力

社会に出るまでに身につけたいものとして、コミュニケーション力の必要性は広く語られていますが、文化や社会的な背景の異なる人たちとの交流が広がるグローバル時代、それは必須条件になります。

コミュニケーション力の前提となるのは、誰に対しても親切に笑顔で接するフレンドリーさであり、偏見なく柔軟に考えるオープンマインドな姿勢。私はそれを「かわいげ」と呼んでいます。これは巷で言われる「女子力」「愛され力」といったものとはまったく異なり、性差を超えたユニバーサルなサバイバル能力です。

「かわいげ」の本質とは、自分に足りないものを素直に認め、その不足を補ってくれる他人に自分を委ねられる能力。この「かわいげ」を獲得できているか否かで、社会に出て成功できるかは決まります。なぜなら、社会には自分一人だけで完成する仕事は一つもないからです。一人だけいい点数を取って満足していても、そこからの発展はないのです。娘も「ハーバード大学のコミュニティは、お互いを尊敬するのが当たり前という前提で成り立っていた」と語っています。社会で多くの人脈やサポートを得て成功している人たちは、間違いなくこの「かわいげ」を備えています。

ただ、基本的に点数や偏差値で人の能力や上下を判断する学校教育の現場では、この「かわいげ」を獲得する機会はありません。フレンドリーさとオープンマインドな人格を養い、コミュニケーション力を磨くためには、家庭で子どもと親の一方的ではなく笑顔にとユーモアに溢れた会話や関わりを増やし、その質を高めるほかないのです。

⑤マルチタスク力

誤解があってはいけないのですが、「マルチタスク」といっても、聖徳太子が持っていたといわれる同時に複数の人の話に耳を傾ける、というような能力をいっているわけではありません。

私が知っているハーバード生たちは、みんな時間管理が上手です。ハーバード大学への入学が許されるような学生になるためには、小さいときから5教科以外に音楽やスポーツなどの分野で自分の得意を伸ばしたり、ボランティアやインターンシップといった課外活動を積極的に行ったりすることが必要となります。やるべきタスクは膨大ですから、時間管理が上手でなかったら、とてもハーバード大学には合格できないのです。

5教科だけをやっていればいい、という時代ではないのは、日本の子どもたちにとっても同じです。これは何もハーバード大学に入るためではなく、国境を越えてすべてが一瞬でつながるグローバル社会にコミットするためのキーとなるスキル。**限られた時間を管理し、瞬時に優先順位をつけてタスクをこなす能力は、「脳内整理力」といってもいいでしょう。あるいは自らを客観的に俯瞰して観察できる「メタ認知能力」ということもできます。**この脳内整理力やメタ認知能力に支えられたマルチタスク力は、後ほど述べる家庭教育においてのTODOリスト作り（第4章参照）で磨かれるでしょう。

家庭教育は準備が10割。あとはニコニコ見守るだけ

義務教育の基礎となる5教科は学校に任せておけばOK。家庭教育の目標は、自己肯定感、グローバルスタンダードの英語力、グリット、コミュニケーション力、マルチタスク力の5条件を養うこと。そこに、家庭が持っている時間、お金、場所といった資源（アセット）を集中投下してください。

5教科には教科書という頼れるテキストがありますが、家庭教育には「こうやっておけば安心」という教科書はありません。けれど**家庭教育は「準備が10割」。環境作りの準備**

さえしておけば、あとは親は、子どもの横でニコニコ見守っているだけでいいのです。

新しい家庭教育に取り組む前に、まずはお母さん、お父さんにしていただきたい準備があります。それは〝我が家のミッション〟を書き出すこと。どんな企業もホームページを見てみると「MISSION」「企業理念」が掲げてありますね。その家庭版です。

家庭＝一企業と考えると、そのメンバーである家族一丸となって取り組むミッションは、目先のことではなく、未来を見据えた大きなものになるはずです。たとえば我が家＝廣津留家のミッションはこうです（次ページ）。みなさんもぜひ考えてみてください。

「どうしてこんなこともできないの？」「どうして机に向かってくれないの？」「どうしてこんな成績なの？」と問い詰めてしまう親御さんがいらっしゃいます。お母さん、お父さんがイライラして心に余裕をなくしてしまっていたら、お子さんは萎縮して学ぶどころではなくなります。**家庭教育の前提は、「何でも発言できる」というリラックスした雰囲気。**お母さん、お父さんがキリキリしてしかめっ面になっていたら、このミッションに立ち戻ってみてください。この大きなミッションに比べたら、たとえばテストの点数が悪かったことなんて小さなことと笑い飛ばせるはずです。

廣津留 家のMISSION

グローバル時代に貢献できる
子どもを育てる。

家のMISSION

心の準備ができたところで本書では、私の経験を踏まえて、子どもをグローバル人材に育てる第一歩をサポートする家庭環境の作り方とあわせて、家庭教育のための教材の具体的な作り方も公開していきます。

繰り返しになりますが、すべてのベースとなるのは、子どもへの100%の「アンコンディショナル・ラブ」と「フル・アテンション」。我が子の可能性を信じる気持ち、そして、失敗を笑い飛ばせるユーモア感覚です。さあ、眉間にシワを寄せず、笑顔で始めましょう。

CHAPTER 2

リビング学習で自己肯定感とコミュニケーション力を育てる

家庭教育の成功を決めるのは大テーブル

家庭教育を成功させるためにまず用意したいもの。それは、リビング（あるいはＬＤＫ）の大テーブルです。

我が家のリビングには、２メートル25センチ×85センチほどの大テーブルがあります。娘のすみれは、小さいときからリビングで私とともに家庭学習をしており、眠るとき以外で個室に行くのは、好きな音楽を一人で聴いたり、誰にも見せたくない日記を書いたりするときくらい。それ以外の時間の大半をリビングで過ごしていました。一人で学ぶようになってからも、娘は自分の部屋ではなく、リビングの大テーブルで勉強をするのがつねでした。

近頃「リビング学習」という言葉をよく聞くようになりました。戦後ここ数十年、家庭学習とは、個室で子どもが黙って一人でするものでしたが一転、最近では家族が集まるリビングでの学習が注目されるようになっているようです。

リビングは住まいでもっとも広くて使い勝手のよい空間です。住まいを資産・財産（アセット）として最大限に有効活用するなら、子どもを持つ家庭の最重要課題である教育に、リビングを活用するのは必然。

でもその実態が、単に学習机をリビングに移動させているだけだとしたら何とももったいないと思います。学習机や勉強机のトレンドとして、リビングに置いても違和感のないデザインのものが売れているそうですが、それでは子どもを監視するために机をリビングに移動させているみたいで抵抗があります。

それに学習机、勉強机といったネーミングが昭和的。「勉強しなさい」「学習しなさい」という無言の圧力が漂い、子どもはちっとも楽しくありません。楽しくないと感じるものは長続きしないのです。

リビングに大きなテーブルを用意するのは、家庭教育のベースは親子のオープンなコミュニケーションだから。狭い個室に子どもを閉じ込めないで、のびのびと広い空間に子どもの居場所を作ってあげれば、親子の会話は毎日自然に生まれます。

個室を与えて一人にしてあげた方が勉強に集中できるというのは幻想です。個室で勉強以外のことに集中していては本末転倒。リビングならお母さんやお父さんがすぐ近くにいるので、好奇心あふれる子どもの疑問や課題にその都度答えてあげられます。ハーバード生の多くも**「子どもの頃は何か疑問があると親と話し合い、コミュニケーションのなかで課題を解決することが多かった」と答えています。**

「そんなに大きなテーブル、うちのリビングには置けない」という声も聞こえてきそうですが、我が家のリビングもごく一般的な広さです。ただし、大テーブルを置く代わりになくしたものがあります。それは、ソファとテレビです（39ページ 図2）。

多くのご家庭でいまだにリビングの特等席を占めているのは、ソファや薄型大画面テレビを載せたリビングボードではないでしょうか。テレビは内容（コンテンツ）次第なので一概に「テレビなんか見てはダメ！」とは言えませんが（我が家も寝室にはテレビがあります）、もはやテレビも映画も動画配信サイトとタブレットやスマートフォンなどを活用すれば、好きなときに好きなプログラムが視聴できる時代になっています。せっかくの住まいの特等席を図体のデカいテレビに譲り渡してしまうのはもったいないと思います。

大テーブルが一台あれば、ダイニングテーブルとして日々の食事にも使えますし、ホームパーティ（第6章参照）を開くときにも重宝します。リビング学習の目的は、親子のオープンで活発なコミュニケーション。そのためにはソファとテレビがあることより、大きなテーブル一つあることのほうがよっぽど有効だと考えます。

ハーバード生の家のリビングには必ず本棚がある

ソファとテレビボードの代わりに我が家のリビングにもう一つあるものといえば、それは大きな本棚です。

本棚がリビングのマストアイテムなのは、読書がリビング学習では大きな役割を果たしているからです。インターネット時代になって活字離れが進んでいるようですが、誰もがネット経由で情報を得ている時代だからこそ、古今東西の古典を含めて活字からも情報を取ってくる重要性は逆に増しているのではないでしょうか。

読書には、情報量や知識量を増やす以外の効用がほかにも多くあります。簡単に整理してみましょう。

読書のメリット

①巨人の肩に乗れる ⇓ 先人の貴重な知見や知識からアイデアやヒントを学び、そこから新たな創造性が発揮できます。

②批判的思考を高める ⇓ 著者の考えを読み解く作業を繰り返すうちに、自ら問いを立て、合理的に推論し、本質に迫る批判的思考（クリティカル・シンキング）が磨かれます。

③寛容性が養われる ⇓ 著者の考えは千差万別。読書を通じ、さまざまな価値観に触れておくと、自分とは違った意見や感性を持つ人に寛容になります。異なる文化的、社会的な背景を持つ人びととの交流が広がるグローバル社会では、寛容性が求められます。

④感性や美意識が磨かれる ⇓ これからのＡＩ（人工知能）時代こそ、人間らしい感性や美意識は重視されます。美術書や写真集といったアーティスティックな書籍に子どものうちから触れると、感性や美意識が磨かれます。

私が**ハーバード生およそ250人にアンケートを取った結果でも、多くの学生が自宅には大きな本棚があり、両親がいつも熱心に本を読んでおり、自分も活字と触れ合うのが自然な環境で生まれ育ったと答えています。**子どもたちに「本を読みなさい」というのではなく、お母さんとお父さんが楽しそうに読書をしている姿をいつも見せていたら、子どもたちも読書に興味を持って本を読むようになるのです。

読書に限らず、**家庭教育でいつも心がけたいのは「Show, don't tell.」の精神。上から目線で「○○しなさい」と命じるtellをするのではなく、大好きなお父さんとお母さんがお手本を見せてshowすれば、その背中を見た子どもはいつの間にか真似るようになるのです。**子どもが自主的にやる気になれば、何事も長続きします。

図2　我が家のリビング。ソファがない代わりに、大テーブルと本棚があります。ミニテーブルや予備の椅子の役割は、第6章でお話しします。

シンプル・イズ・ベスト。整理整頓よりも、捨てることを意識

モノで溢れて雑然としたリビングでは、当然、ゆったりリラックスしてリビング学習……という雰囲気が作れません。シンプル・イズ・ベスト。リビングやLDKは、モノが少ない空間作りを目指しましょう。

我が家のリビングは大テーブルと椅子、本棚くらいしかありませんが、かといって私自身は整理整頓が得意なタイプではありません。

私が一つ決めているルールは、**絶対にモノを床に直接置かないこと。**ちょっとしたバッグ、雑誌などをとりあえず……と置いてしまうと、モノがモノを呼び、あっという間に増殖。最終的にはモノの上にモノを積み重ねて置くようになり、気がついたら足の踏み場もない状況に陥り、リビング学習どころではなくなります。このルールが守れたら、意外とすっきりした空間を保てるものです。

次に、せっかくの大テーブルにも、モノを置きっぱなしにはしないようにします。大き

な本棚は収納力も豊富です。リビング学習に欠かせない筆記用具やノートなどは、用が済んだら収納ボックスに入れて本棚へGO。そうすれば、大テーブルは教室や図書館の机の役割から解き放たれて、家族で仲良く食事をとるテーブルへと早変わりします。本棚のサイズにぴったり合わせた収納ボックスを使うとすっきり整理できます（図3）。

そもそも限りある時間です。整理整頓の手間を省きたかったら、無駄なモノをなるべく滞留させないようにします。モノの絶対的なボリュームが減らせたら、整理整頓が多少中途半端でも部屋は散らかりようがありません。

図3　教材や文具を必要なときにすぐ取り出せて、すっきり片付けられるように、本棚にぴったりおさまる収納ボックスを活用。

２００４年、娘が11歳のときに大きな台風が地元大分を直撃。記録的な大雨で我が家は床上浸水し、大事なピアノまで流されてしまいました。

ピアノが流されたのはさすがにショックでしたが、それ以外の流されたモノには何らショックを受けませんでした。この体験を通して、本当に必要なモノは限られており、不要なモノに囲まれた生活が自分たちを不自由にしていると改めて感じました。モノを手放すことに躊躇しなくてもいいのです。

お母さんとお父さんが最低限のモノしか持たない生活をしていたら、子どもたちもその背中を見て真似るようになります。**「片付けなさい！」とｔｅｌｌする前に、すっきり片付いているリビングをｓｈｏｗしましょう。**子育てのイライラの一つもなくなります。

娘も絵本やオモチャはお気に入りのモノだけを手元に置いて、個室の小さな棚に収まる収納ボックスに種類別に小分けして整理していました。現在は日本とアメリカを頻繁に行き来する生活ですが、娘は必要最小限のモノしか持たない習慣が身についているので、短時間でパッキングを済ませて身軽に移動しているようです。

宿題の答えは丸写しで、〝暗記脳〟を育てる

リビング学習の形が整ったら、次に決別したいのが、旧態依然としたプリント学習です。日本では宿題の多くはプリントの形で出されます。いろいろなご家庭の様子を見たり聞いたりすると、どんどん溜まっていくモノ№1は、学校や塾で出されるプリント類のようです。

そしてプリントを貴重なものだと崇め立てるあまり、国語、算数、理科、社会といった教科ごとにラベリングして整理しているお母さん、お父さんもいらっしゃいます。

そういう親御さんは、お子さんのことを思って頑張って整理しているのだと思いますが、本棚にプリントを整理したファイルフォルダがズラリと並んでいるリビングは何だか息苦しくて、子どもは寄り付きたくなくなります。

プリント類、あるいは参考書類は、問題を解いて採点が終わったら、もう必要はないのでさっさと捨てます。捨ててしまっても、似たようなプリントが毎週のように出されますから、後生大事に取っておかなくてもいいのです。

さらに言うなら、プリントを自分で解いて先生に採点してもらい、苦手なところ、間違ったところを見つけたら、そこを集中的にプリント学習する……。これは無駄の極みです。

すみれが小学生の頃、宿題で出たプリントには私が答えを教えて、空欄を埋めさせて暗記してもらいました。参考書や問題集も同様です。**解答集を手元に置いて答えをゲットしたら、空欄に正解を書き込みます。そして正解を暗記します。いずれも暗記ができたら捨ててしまってOKです。**

「宿題も問題も解いてはいけない」

「答えを写して丸暗記するのが効率的」

私はこれまでの著書や講演会などで繰り返し主張しているのですが、答えを解かずに正解を写して丸暗記することに抵抗を示す親御さんはまだまだ大勢います。これまでの学校教育の常識から頭を切り替えられないのです。

「宿題や問題を解かずに正解を丸暗記すると、考える力が身につかないのではないか」という心配を口にする親御さんもいらっしゃいます。

そういう心配をする前にちょっと考えてみてください。

宿題は5教科の基礎学力を問うものばかり。昔風にいうなら読み書きそろばんであり、考える力が身につく、身につかないというレベルの内容ではありません。

解答時間を暗記にあてることで〝暗記脳〟を養うことができ、丸暗記した基礎学力をベースにして、考える力は伸びるのです。

会話と笑顔が生まれる自作プリント学習

教科書がない就学前にプリントで学習をしたいなら、お母さんやお父さんが自作してみましょう。すみれが2〜3歳の頃、私は市販のドリルの代わりに算数のプリントを自作していた時期もあります。例をあげてみましょう（次ページ　問題1、問題2）。

幼児向けに似たような知育教材、問題集はたくさん市販されていますが、ただの計算問題だと味気なく、親も子どもも楽しくありません。本人やお友だち、お気に入りのぬいぐるみやペット、お母さんやお父さんが登場するプリントを自作してあげたら、子どもは目を輝かせて取り組んでくれます。親はそれをニコニコ見守っているだけでいいのです。

問題 1

ピコちゃんが遊びに来ました。すみれはお菓子を二人で食べようと思いました。ママのくれたチョコレートは全部で 11 個です。
ママは「2人で仲良くわけなさい。余ったらママにちょうだいね」と言いました。
さあ、すみれとピコちゃんはチョコレートを何個ずつ食べられるでしょうか。ママは何個食べられるでしょうか？

答え　ピコ（ 5 ）個　すみれ（ 5 ）個　ママ（ 1 ）個

問題 2

すみれ、はな、あや、りか、ななこの5人は、公園でぶブランコに乗ります。「一人が2回ずつ乗ろうよ」とあやちゃんがいいました。順番に乗って、みんなでブランコ何回かな？

答え　（ 10 ）回

絶対NGなのは、「どうしてわからないの⁉」と、しかめっ面で問い詰めたりすること。

せっかくふくらみかけた子どもの好奇心や探究心が、その瞬間にしぼんでしまいます。

右の問題1であれば、「あ〜あ、ママ、もうちょっとチョコレート食べたかったな」「じゃあ今度ね！」などと、笑顔とユーモアあふれる会話ができたら、子どもは「もっと学びたい」と、リビングのテーブルから離れなくなるでしょう。

宿題は会話のネタ元。リビングで家族みんなで取り組む

私がセミナーや講演会などでリビング学習の話をすると、参加者から「リビングには親もいるし、子どもたちは気が散って宿題などの勉強に集中できなくて困るのではないか」という声が上がることがあります。

そうした声が上がってくるのは、勉強は子どもが一人で孤独に向き合うものだという思い込みがあるから。でも、**リビング学習は家族全員参加型。**お母さんとお父さんも子どもたちと一緒に勉強する習慣をつけてください。きっと楽しいですよ。

とくに宿題は家族みんなでやりましょう。

アメリカにも宿題はありますが、ハーバード生に聞くと「子どもの頃の宿題は家庭みんなに与えられたもの」だと捉えています。日本人のように、子どもが個室にこもり、うんうんと唸りながら一人で解くものだとは考えていないのです。

私はアメリカ人の考え方に賛成。宿題は家族で楽しんでください。宿題は家族のコミュニケーションのネタのようなもの。学校と先生が恰好のネタを提供してくれると捉えたら、「宿題をやらされている」という受け身かつネガティブなイメージが、前向きかつポジティブに様変わりするに違いありません。

算数で計算問題が出たら、夕飯の買い物に連れ立って出かけてお釣りの計算を親子でしてみましょう。社会で日本の歴史の問題が出たら、NHKの大河ドラマなどの時代劇をネタにして話し合ってみてください。理科で植物の発芽の問題が出たら、ベランダで育てているハーブを一緒に観察してみましょう。

プリント学習から離れた親子のコミュニケーションはすべて、子どもの好奇心や探究心を刺激するリビング学習とすることができるのです。

リビング学習の目的は監視ではない

リビングに大テーブルと本棚をしつらえたからといって、自動的に子どもたちが個室を離れてリビングで勉強を始めるわけではありません。

リビングにいるお父さんやお母さんが、いつもピリピリして「宿題したの？」「勉強しなきゃダメじゃない」と指図し続けていたらどうでしょうか？　つねに監視されているような気分になり、子どもは個室にこもりたくなります。言うまでもなく「さぁ、テーブルを買い替えたから、今日からリビングで勉強しなさい」とtellするのはもってのほかです。

リビング学習の大前提になるのは、お母さん、お父さんがつねに「どんなときでも、何があってもあなたの味方です（アンコンディショナル・ラブ）」「いつもあなたを見守っているから、安心してください（フル・アテンション）」という愛情表現を欠かさないこと。

最大限の愛情を示すために、お父さんとお母さんはいつもニコニコし、子どもが何か語りかけたら「いま忙しいから後でね」などと先延ばししないで、その場で家事の手を休め、スマホやパソコンのチェックもやめて、きちんと耳を傾けてください。そして子どもの一挙手一投足に目を向け、折に触れて「スゴいね」「エラいね」といっぱい褒めましょう。

さらには、**お母さん、お父さんがいつもリラックスしており、「間違っても大丈夫」「失敗してもOK」という雰囲気とサインを出し続けていれば、子どもは何事にもリラックスして取り組めるようになります。**

「いい点数を取ったからスゴい」「○○ができるからエラい」のではなく、「そこにいてくれるだけで幸せなのよ」と、自分の全存在を丸ごと受け入れてもらうことで、子どもの自己肯定感は養われ、新しい何かにチャレンジしようという前向きな気持ちになれます。これこそリビング学習の効能です。

大好きなお母さん、お父さんがいつもリビングでニコニコ笑顔を絶やさないでいたら、「リビングで勉強しなさい」「ピアノの練習はいつするの」とNGワードを発しなくても、子どもの方からリビングで大テーブルの前に座り、本を読んだり、楽器を弾いたりするようになります。

アクティブ・ラーニングこそリビング学習で行う

「プリント学習をしない、宿題の答えは丸写しするのなら、リビングでどんな勉強をするのか？」という疑問がわき起こっているかもしれませんね。

お答えするなら、親子のコミュニケーションのすべてがリビング学習です。リビング学習こそ、生きたアクティブ・ラーニングの場。アクティブ・ラーニングとは、学び手である子どもが主体的・対話的になる深い学びのスタイルです。

学校で学ぶ5教科は、教科書を参照しながら、担当の教師の言うことを黙って聞いて板書をノートに書き写す受け身のスタイル。これはロート・ラーニングと呼ばれています。いわゆる詰め込み教育です。

いまもロート・ラーニングに血道を上げているのは、世界を見回しても日本をはじめとするアジアのいくつかの国だけ。グローバル化した社会には、受け身で黙って5教科の知識を詰め込むだけの教育ではとても対応できません。

遅まきながらグローバル化に舵を切ろうとしている日本の文部科学省も、アクティブ・

ラーニングに力を入れるように指導しており、学校や学習塾ではアクティブ・ラーニングに取り組み始めています。

けれど、学校や学習塾に外注しておいて安心できるとはとても思えません。教える側がアクティブ・ラーニングをよく理解しておらず、その方法論も確立していないからです。同時に習う側も、「先生の言うことに疑問を呈するのは失礼なこと」、「周りの誰も発言しないときに自分だけ目立つのはコミュニティのルールに反すること」という思い込みがあります。

だからこそリビング学習でアクティブ・ラーニングを行いたいのです。

「学校や学習塾が対応できていないのに、果たして自分たちにできるだろうか」と疑問を抱かなくても大丈夫。なぜなら**お母さん、お父さんが、日々、子どもと緊密にコミュニケーションを交わしながら疑問や課題を解決できるリビングという場は、アクティブ・ラーニングとの親和性が高いのです。**

リビング学習でのアクティブ・ラーニングにはいくつかの段階があります。ここでは3つのステップにわけて解説してみましょう。

リビング学習版アクティブ・ラーニング
第1段階《親による一方的で客観的な描写》

リビングやLDKの大テーブルに置かれたモノなどをできるだけ客観的に描写します。これは英語では「ディスクリプション（Description）」と呼ばれており、子どもが1～2歳からでも始められます。

小さな子どもは外界を目で見て認識していますが、語彙が不足しているゆえにそれを言葉にする能力が未発達です。まだ主体的に学びを行う準備も十分に整っていないので、お母さん、お父さんが**外界の視覚情報を言葉に転換して、描写し続ける**のです。そうすれば、子どもの語彙も知識も増えますし、興味や好奇心もかき立てられて主体的な学びの基礎が養われます。

たとえば、ある朝、大テーブル上にお父さんのスマートフォンと朝刊を置いて子どもの注意を引いたら、次のように語りかけます。

「テーブルに1台のスマートフォンと新聞が置かれています。スマートフォンには革製のカバーがかけられており、画面は真っ黒でスリープ状態です。新聞は4つ折りにしてあり、その間からは綺麗なカラー写真がのぞいています」

　見た物をそのまま描写して将来一体何の役に立つのか？　そんな疑問を持つ人もいるかもしれません。しかし、**客観的な描写力は、グローバル社会の標準語である英語では必須の能力。まずは日本語で身につけておきましょう。**その場の空気を読んだり、言葉以外のニュアンスを感じたりしながらコミュニケーションを行うのが長年の習慣になっている日本人と日本語と違い、英語ではどんなシーンでも客観的な事実説明と論理的な説明が求められるのです。

　準備が10割。朝、新聞と一緒に上のようなペンギンの親子の写真を置いておきます。子どもが不思議そうに手に取ったら、作っておいた次のような物語を楽しく語りかけてみましょう。

語りかけ例

氷の国にペンギンの親子がいました。ママとペンくんです。

今日はペンくんのはじめての水泳の日です。

「うわ〜、さむそうだな」とペンくんは思いました。

ママは心配そうな顔をしているペンくんの頭を優しく撫でて「大丈夫、お母さんと一緒よ」と言いました。

ママに勇気付けてもらったペンくんは目をつぶり、頭からざぶ〜んと氷の海に飛び込みました。「わあ〜、冷たいな。何も見えないよ」とペンくんは言います。

一緒に飛び込み、隣を泳いでいたママが、「ペンくん、さぁ、目を開けて！」と言いました。ペンくんが目をゆっくり開けてみると、「１歳のお誕生日おめでとう！」の垂れ幕が水の中でゆらゆらと揺れていました。

「ママ、ありがとう！」とペンくんは、嬉しくなって垂れ幕に向かって泳ぎました。

「ペンくん、泳ぐのが上手だね」とお母さんがニコニコしながら言いました。

ママはペンくんの１歳の誕生日を初泳ぎの日にすると決めていたのです。

日本には信奉者が多いルドルフ・シュタイナー（1861〜1925年）のシュタイナー教育では「子どもが育つまで待ちなさい」と教えています。でも、シュタイナーが生きていた20世紀初頭の何百倍というスピードで変化が起こっている21世紀に、子どもが自然に育つのをのんびり待っている時間的な余裕はありません。お母さん、お父さんからどんどん語りかけて、子どもの主体性、好奇心、学習意欲を引き出してあげてください。

リビング学習版アクティブ・ラーニング
第2段階《テーマを決めた親と子の対話》

子どもは2〜3歳くらいになると、興味の幅がぐっと広がり、「どうして？」「なぜ？」といった疑問を連発するようになります。

仕事に家事にと忙しい日々を送っていると、好奇心旺盛な子どもたちの問いに一つひとつ丁寧に答える心の余裕がなくなるお母さん、お父さんもいるかもしれません。でも、子どもたちのピュアすぎる問いに「どうしてだろうね」と曖昧に答えたり、「そんなの自分で調べなさい！」と突き放したりしないでください。

それでは子どもにせっかく芽生えた主体性と好奇心の扉が、ガチャンと音と立てて堅く閉じてしまいます。子どもたちの問いには真摯に向き合い、もしもわからないことがあったら、「ママと一緒に調べてみようか」と本棚の百科事典を開いたり、ネットで検索したりしてみましょう。それこそアクティブ・ラーニングです。

突き放して放置した方が、自分で何でも調べる力が付くと思っている親御さんもいるようですが、**親子のコミュニケーションのなかで疑問を解決した方が印象は深くなり、効率的に学べるので子どもの学習力がぐんぐん伸ばせるのです。**

子どもには性格的に自分から「どうして？」「なぜ？」と言い出せないタイプもいます。そういうタイプには、**親の方から子どもが興味を持ちそうなネタを提供してあげて、会話の幅を広げるのもよいと思います。**

何気なくテーブルに置かれているスマートフォンだって恰好のネタ元になります。会話は無限かつ連鎖的に広がり、学校の5教科の学習ではなかなか学べないようなリアルな知識が身について子どもの好奇心と学習意欲に火がつきます（次ページ　対話例1）。

また、先ほどのペンギンの親子の写真を使っての対話例もご紹介します（対話例2）。

対話例1

親「スマートフォンの“スマート”ってどういう意味だと思う？」

子「スマートって細いという意味？」

親「違うの。スマートは賢いという意味なの。フォンは電話ね」

子「あ、賢い電話かぁ。だからゲームをしたり、ビデオを撮ったりできるんだね」

親「いまのスマートフォンには昔のパソコンよりも賢い頭脳が入っているのよ」

子「スマートフォンの頭脳って何？」

親「それはCPUといって……」

対話例2

親「この間水族館でペンギンを見たね」

子「泳ぐのが速くてびっくりした！　だってペンギンは鳥の仲間なんでしょ？」

親「そうよ。ペンギンは泳ぐだけで他の鳥のように空を飛べないけど、昔は飛べていたのよ」

子「え？　なぜあんなに速く泳げるのに、ペンギンは飛べなくなったの？」

親「天敵が少なくて食べ物がいっぱいある氷の海で長く暮らしているうち、ペンギンは頑張って飛ぶ必要がなくなったの」

子「だから翼があんなに小さくなっちゃったの？」

親「そう。それを“退化”というの。ペンギンは小さな翼を水中で上手に使えるようになり、とても速く泳げるようになったけど、翼が小さすぎてまったく飛べない鳥になったの」

子「地球には他にも飛べない鳥はいるの？」

親「いるわよ。ママと一緒に調べてみましょうね」

このように親子の会話は身近なテーマで大きく膨らみます。

親子で話し合うテーマは「いま・ここ」だけとは限りません。私が小さい頃の娘とよく話していたのは「この仕事、10年後もあると思う？」とか「20年後も海水浴はできると思う？」といった未来の話。

親子で近所のコンビニに入ったら、「5年後、コンビニは全部店員さんのいない無人店舗になっているかもよ。なぜならスマホでの支払いが当たり前になり、在庫管理はAI、配送は自動運転トラックがやってくれるようになるから。中国ではすでに無人コンビニが人気だそうよ」といった会話ができます。

夏休みに海水浴に出かけたら「このまま地球温暖化が進んだら、南極の氷がとけて海水面が上がり、この場所では海水浴ができなくなるかもよ。うちに帰ったら地球温暖化についてママと一緒に調べてみない？」といった会話が交わせます。未来の話が**子どもの「どうして？」「なぜ？」といった好奇心を刺激し、親子でその後リサーチが行えたら、絶好のアクティブ・ラーニングです。**

誤解がないように急いで付け加えると、ペンギンから地球温暖化まで森羅万象に詳しくならないと、家庭でのアクティブ・ラーニングが行えないわけではありません。

家庭教育は準備が10割。子どもの目に触れるようにペンギンの写真をテーブルに置くのはペンギンについての下調べを済ませてから。未来に話を振る際には、ネタになりそうな事柄に関してあらかじめ調べて想定問答集を作り、子どもの疑問に答えられるように理論武装しておきます。インターネットの検索エンジンを使えば、あらゆるネタで子どもと実のある対話ができる下地作りが行えるでしょう。

リビング学習版アクティブ・ラーニング 第3段階《子どもに論理国語で説明させる》

日本人の大半が感じる「英語苦手意識」の理由の一つは、普段使っている日本語の曖昧さにあります。

英語と日本語は、使われるシチュエーションが対照的です。

日本語が使われる環境は、心の中で、「同じ日本人同士だからわかるでしょ、そこは空気を読んで〝阿吽《あうん》の呼吸〟でいきましょう。それができないとあなたは〝空気が読めない人〟の烙印が押されますよ」といったふうに、あえて言葉にしない行間を相手に読んでもらい、察してもらうことが前提になっています。

一方、英語が使われるのは、異文化と多様性だらけのシチュエーション。国籍や人種による文化や習慣の違いの中で、いちいち空気を読むのは不可能なのです。

たとえば、お店に入って、「じゃあみんなとりえずビールでいい？」と言うと、たいていの日本人は「ＯＫ！」と言い、あえて一杯目から自分の好みのドリンクを主張する人はなかなかいません。

ところが、英語が使われる場面では、「とりあえずビール」はありません。みんな、1杯目のドリンクを決めるのに20〜30分かかっても気にしません。それぞれ、スタウトビール、ピルスナービール、ジンの種類はタンカレーでジントニック、梅酒のロック、イタリアのスパークリングワイン、などそれぞれが今飲みたいものを主張します。

主張しないとその場に存在しないと見なされる。そうなると自分のやりたいことは一切できない。その怖さが身にしみてわかっているのが英語を使う人々です。

目立つと嫌われていじめられる。右を見て左を見て、数の多いほうに同調しておこう。発言すると目立つのでとりあえず当たり障りのない書類を作成して渡しておけばよい。これが日本人です。

つまり、文化的・社会的背景が比較的似通ったムラ社会でのコミュニケーションツールとしての日本語と、主張しなければ何も始まらない英語は別物なのです。「グローバル社会で通用する人材を育てる」——よく聞くキャッチコピーですが、その意味するところは、「若者よ、ムラ社会を出よう。世界で通用するコミュニケーション力を身につけよう。そのために英語をマスターしよう」ということなのです。

日本人の英語力を引き上げるには、日本語を変えるしかない。どうやらそう気がついた**文部科学省の新学習指導要領では、2020年度より英語と日本語を連携して教える取り組みが行われることになっています。その一環として高校の国語教育に登場するのが「論理国語（仮称）」です。**

その名の通り、**論理国語が目指しているのは、グローバル社会でも通用する英語のような論理的エッセンスを日本語で養うこと。**この論理国語を学ぶことで、英語上達にも好影響を与えるでしょう。

とはいえ、従来の曖昧な日本語をばっさり切り捨てて論理国語に移行しよう、とは言いません。曖昧さにも良いところはたくさんあり、実際、論理や主張にうんざりした英語圏の人間が日本に住みつく例を私もかなり見てきました。日本の伝統である曖昧さは、子どもたちが小説や随筆などを多読してどんどん楽しみましょう、日本語独特の表現力も身につきます。

それに加えて、英語力を上げるためにも、小さい頃から家庭でのアクティブ・ラーニングで論理国語に馴染んでおきましょう。

では、具体的に論理国語の論理＝ロジックとはなんでしょうか。簡単に言うと、**英語の論理は、introduction（序論）→body（本論）→conclusion（結論）、これだけです。**なあんだ、日本語でも習ったよ、起承転結と同じじゃないか、そう思われる方もいらっしゃるかもしれませんが、これが別物なのです。

英語の「序論」はthesis statementといって、「私がここで言いたい主旨は○○です！」と先に結論を言ってしまうのがポイントです。当たり障りのない天気の話などでスピーチを始める日本の序論とは大違いです。

次の「本論」は、thesis statement（一番言いたいこと）をこれでもかとサポートする具体例を、優先順位に従って複数入れます。

最後の「結論」は、thesis statement（一番言いたいこと）をもう一度繰り返します。

どうですか。日本で習った起承転結とずいぶん違いますね。

ロジカル英語 ≒ 論理国語の基本構造

ステップ1　序論　自分の言いたいことを先に言う ＝ thesis statement
ステップ2　本論　自分の言いたいことが正しいと証明する具体例を優先順位羅列する
ステップ3　結論　自分の言いたいことを繰り返す

このように、自分の言いたいことから先に伝えると、相手の貴重な時間を無駄にしません。次に、なぜそういう結論に達したかを具体的に説明すれば、こちらの主張に納得してもらえます。

これは**討論（ディベート）、交渉（ネゴシエーション）、発表（プレゼンテーション）と**いった、**グローバル社会に必須のスキルの土台となるものです。**

日本語で上手にできないことが、英語でうまくできるわけがありませんから、家庭教育でその下地を養ってください。

難しく考える必要はありません。たとえば、子どもに「明日のお弁当のおかずは何がいいの？」と尋ねてみましょう。曖昧な日本語だと次のようになりがちです。

曖昧な日本語的説明

「明日は午後から体育があるんだよなぁ」「体育は鉄棒がイマイチ好きになれない」「そういえばお弁当のおかずが、唐揚げだったときは苦手だった逆上がりがもうちょっとでできそうになった」「明日も唐揚げにしてもらったら、体育がもっと頑張れるかもしれないな」「唐揚げにしてもらおうかなぁ。でもハンバーグもいいな……」

このように自分の好きなところから好きに話を始めると、聞いている方はいつまで経っても要点がつかめないためイライラします。

そこで子どもに「○○は△△です。なぜなら□□だからです」というスタイルで説明してもらいます。

⦿論理国語スタイルでの回答例

序論⇓「明日のお弁当のおかずは鶏の唐揚げがいいです」
本論⇓「なぜなら、お母さんが作ってくれるお弁当のおかずで一番好きなのは唐揚げだからです。それに、明日は午後から体育の授業があります。大好物の唐揚げをお昼に食べておくと、いつも以上に体育が頑張れるからです。また、鶏肉はたんぱく質が豊富だから、子どものカラダの成長にもいいと先生が教えてくれました」
結論⇓「だから、明日のお弁当には絶対に鶏の唐揚げを入れてください」

これがそのまま英文に転換できる論理国語的な説明です。

子どもがスポーツやゲームが好きなら「なぜそのスポーツやゲームが好きなのか?」を論理国語的に説明してもらいます。今度は、「○○くん、何をしているときが一番楽しい?」と問いかけてみましょう。

◉論理国語スタイルでの回答例

序論⇒「僕が一番楽しいのはサッカーをしているときです」
本論⇒「なぜなら、シュートが決まると気持ちがいいからです。もちろん、いつもシュートを決められるとは限りません。でも、チームのみんなと練習しているとプレーの改善点が見つかって、自分が成長しているのを感じられます。それに、試合で勝ったときの気分は最高です」
結論⇒「だから、僕はサッカーをもっと頑張っていきたいです」

普段から「○○は△△です。なぜなら□□だからです」という会話に慣れておくと、頭のなかがロジカルな英文に親しみやすく整理されるので、英語の勉強もスイスイ進むことでしょう。

名付けて「マルタ・アルゲリッチ方式」。突然始めて子どもを巻き込み、飽きる前にやめる

リビング学習には「○○ちゃん、これからママと宿題を一緒にしましょう」といった前置きは不要です。前置きがあると、「せっかく本を読んでいたのに、これから宿題かぁ」と子どもたちは身構えて拒絶反応を起こします。

子どもの興味を引きつける仕掛けと教材は「準備が10割」で整えておいたら、お母さん、お父さんがタイミングを図って突然一方的に始め、「えっ、ナニナニ?」と子どもたちが戸惑っているうちに懐深く入り込み、巻き込んでしまうのです。子どもにとっては「いつの間にかママのペースに巻き込まれちゃった」という気分でしょうが、その方が身構えずにカジュアルな気分でリビング学習に没入できるというメリットがあります。

私はこれを「マルタ・アルゲリッチ方式」と名付けています。

マルタ・アルゲリッチ(1941年〜)は、アルゼンチン生まれの世界的なクラシックピアニストです。とくにショパン演奏の名手として知られています。アルゲリッチは私の地元大分とのつながりが深く、1996年から別府アルゲリッチ音楽祭の総監督を務めており、毎年来日して素晴らしい演奏を残してくれます。

クラシックピアニストは通常ステージに登壇したらピアノに座る前に観衆に一礼して、それからおもむろにピアノに向き合い、ひと呼吸置いてから演奏を始めます。ところがアルゲリッチは、ステージに登壇したら一目散にすたすたとピアノに歩み寄り、いきなり素晴らしい演奏を始めます。その瞬間、観衆は心を鷲掴みにされたようになり、彼女の世界観に引き込まれてしまいます。

アルゲリッチがいきなり演奏を始められるのは準備が100%整っているから。リビング学習も「準備が10割」の精神で前置きなしにさっと始め、子どもを巻き込みましょう。**いきなり始まったリビング学習に巻き込まれると子どもたちは何だかわからないけれど、とっても気になります。それが学習への意欲と興味につながります。**

我が家では娘のリビング学習はマルタ・アルゲリッチ方式でしたが、私が大分、福岡、東京など日本各地で行っている公開英語レッスンも突然始まります。参加者ははじめのうちは一様に戸惑っていますが、いつの間にか慣れて夢中になってくれます。

いきなり始めたら、ダラダラ続けないのがポイント。子どもたちは好奇心のかたまりですから、はじめは「ナニ、ナニ？」と興味を持って意欲的に取り組んでくれますが、好奇心の寿命は短く短時間で飽きが来ます。飽きると学習効果は激減。結婚式の来賓のスピーチが長すぎると飽きて感動が薄れて内容がほとんど頭に残らないのと同じです。

脳科学的には、集中力を高めすぎると脳の特定の部位に疲労が溜まるため、それを防ぐために飽きて違うことを始めようとするのだとか。「飽きる」は脳の防衛反応なのです。**子どもが自らの脳を守るために飽きているのに、それを無視して親御さんが「今日のノルマがまだ終わっていないから」といった事情で続けるのはNG。**子どもの脳に疲労が溜まりますし、飽きたらそれ以上続けても頭に入りません。それどころかリビング学習にマイナスのイメージを持つ恐れもあります。

愛情を持って子どもの表情を観察していたら、飽きているかどうかはすぐにわかります。目が泳いだり、あくびをしたり、椅子から足をブラブラさせたりしたら、そろそろ飽きたサイン。飽きるサインを捉えたら、**完全に飽きる1分前にリビング学習を止めるのが理想です。**突然始まり、突然終わったら、子どもはリビング学習に苦手意識を持つ間もなく学力が伸ばせるようになります。

「ハビング・ファン」なのか「プロクラ」なのか。メタ認知で子ども自身にはっきりと意識させる

「うちの子、漫画を読んでばかりで」「ゲームしてばかりで」という親御さんの言葉をよ

く耳にします。リビングにいても、漫画やゲームばかりでなかなかリビング学習に辿り着かない……という嘆きももっともですが、ここで「勉強しなさい」と言うのはNG。どんなに強要しても「楽しそう!」「学びたい!」という気持ちがお子さん自身になければ、学習習慣は身につきません。

私は、漫画やゲームを頭ごなしに悪者扱いして全否定するつもりはありません。子どもが将来漫画やゲームの世界で意外な才能を開花させるかもしれませんし、最近の漫画やゲームには創造力や美意識を刺激してくれるコンテンツも少なくないからです。ハーバード生にも、漫画やゲームを好むタイプは大勢います。

子どもがリビングで漫画を読んだり、ゲームに夢中になったりしているのだとしたら、その時間が「ハビング・ファン」なのか「プロクラ」なのかを子ども自身にハッキリさせる習慣をつけるようにしてください。

ハビング・ファンとは、漫画やゲームそのものを楽しんでいる状態。息抜きの時間で、イライラやストレスを解消してくれます。

プロクラとは、英語の「procrastination」の略であり、「怠慢」とか「グズグズと引き延ばす」といった意味があります。日本人にはあまり馴染みのない英単語ですが、英語には

「Procrastination is the thief of time（遅延は時間の盗人である）」という諺もあるくらいポピュラーな言葉です。

漫画やゲームがプロクラの単なる手段であり、その日にやるべきタスクをリストアップした「ＴＯ ＤＯリスト」（第４章参照）でやるべきことを先送りにしているだけなら、あまり褒められた行いではありません。時間は誰にとっても有限ですから、諺の教え通り、プロクラに時間を盗ませておく余裕はありません。

漫画やゲームでプロクラしているだけだとしても、繰り返し指摘しているように、それを「グズグズと引き延ばさないで、タスクをこなしなさい」とお母さんやお父さんがｔｅｌｌするのはＮＧ。**子ども自身に「メタ認知」で気づいてもらいましょう。**

この場合のメタ認知とは、自分が何をしているかを客観視すること。自らの魂が幽体離脱して天井近くに浮かぶドローンから見下ろしているかのように、「自分はいま何をどういうつもりでしているのだろう」と子ども自身に見極めてもらうのです。メタ認知という言葉とそれがどういうものなのかは、お母さんとお父さんが機会を見つけてやさしく教えてあげましょう。

冷静にメタ認知したら、子ども自身で漫画やゲームに没頭している今の自分がハビング・ファンでストレス解消している状態か、やるべきことを先延ばしするプロクラに陥っている状態なのかが判別できるでしょう。**プロクラだとメタ認知したら、「あと30分で切り上げて、やるべきタスクに取り組もう」と自ら向き合えるようになります。**

メタ認知のクセをつけるには、後述する「ＴＯ ＤＯリスト」作り（第４章参照）を家庭教育に取り入れることをおすすめします。

CHAPTER 3

グローバル対応の英語力は家庭で伸ばす

2020年度から変わる英語教育。そのポイントは大きく3つある

プロローグでも触れたように、2020年度から新学習指導要領が本格的に導入されて、英語教育が大きく変わります。

この大きな変化を目前にして先生も親御さんも一体何をしたらいいのかと焦っています。でも心配は無用。変わるポイントを押さえて対策を立てれば、家庭教育で新学習指導要領のさらに上を行くグローバル対応の英語力を子どもに身につけさせることができます。

はじめに英語教育の何がどう変わるのかを整理しましょう。ポイントは3つです。

変わるポイント① 英語が正式科目になる

第一に小学校5、6年で英語が正式科目になります。他の科目同様に成績評価の対象になりますから、中学受験にも影響します（一部自治体では、2018年度より先行実施）。先生や親御さんが焦っている最大の理由です。

変わるポイント②

「読む」と「書く」が導入される

次なる変化は、小学校5、6年で今回はじめて英語の「読む」と「書く」が導入されること。なぜそうなるかというと、小学校で行う外国語活動（英語）と、中学校の外国語科（英語）の接続をスムーズにしたいからです。

中学校の英語科の中身も変わります。英語には、読む（リーディング）、聞く（リスニング）、話す（スピーキング）、書く（ライティング）という4技能があります。テスト対策の文法と和訳中心で、「読む」と「書く」のみに重きを置いていた従来の英語科から、英語4技能をバランスよく伸ばす教育に変わるのです。このうち「話す」は「やりとり」と「発表」の二つにわけられます。つまり中学生になると英語で自分の意見を言わないといけなくなるのです。それにともない、「話す」と「聞く」のベースとして、小学校から「読む」と「書く」を学ぶのです。

変わるポイント③

覚える英単語数が増える

3つめのポイントは、覚えるべき英単語数が増えることです。

これも中学校の英語科の変化を踏まえたもの。中学校で覚える単語も現行の1200語から最大で１８００度程度まで増えます。

その準備段階として小学校では単語を６００〜７００語暗記する必要があり、６年生になると過去形も習うようになります。

つまり、これからの中学生は3年生の段階で、覚えるべき英単語が小学校の６００〜７００語＋中学校の１２００〜１８００語＝１８００〜２５００語に飛躍的に増えるのです。

指導要領が変わっても英語は英語。学校に頼らず家庭教育で対応できる

今回の改定では、日本ではじめて公立小学校に英語の単語や文章の読み・書きが導入されます。それを見据えて学校、英会話教室、プリスクール、塾といった外注先では、「２０２０年対応授業、始めました」とか「新課程対応英語4技能レッスン、受講生募集」といったセールストークで親御さんたちの不安な心につけ込もうとしています。

しかし、こうしたセールストークに惑わされてはいけません。

落ち着いてください。**当たり前ですが、英語という言語が様変わりするわけではありま**

せん。ただそれを学校で教えるときのカリキュラムが変わっただけ。英語自体は、2020年度以前と2020年度以降ではまったく変わりません。

中学・高校でのカリキュラムが新しくなるといっても、学校教育の現場ではこれまでのように「英語の教科書をどうこなすか」を教えるだけ。

教科書がこなせたら、テストでは良い点数が取れるかもしれませんが、必ずしも英語力が身につくとは限りません。

教える側の先生は大慌てかもしれませんが、子どもは要するに英語ができればいいだけ。急ごしらえで作られたカリキュラムに振り回されながら学校で教わらなくても、家庭学習でお子さんが英語を身につければいいのです。小学5、6年生で英語が正式教科になっても本物の英語が身についていれば、当然良い成績が取れますし、中学入試に英語があっても余裕で対応できるのです。

これから紹介する英語の家庭教育メソッドは、私が英語教室や公開レッスンで4000人以上に教えて実績を上げてきたものがベースになっています。

それを家庭で取り入れれば、**2020年の新学習指導要領を上回るグローバル対応の英語力が身につきます。**小学校に上がる前の幼児でも、家庭教育で小学校5、6年の教科書をはるかに超える英語力を先取りしてマスターできるのです。

目標は18歳でアカデミック英文を読み書きできること

何事も始める前に目標を掲げる必要があります。そこから逆算すれば、いつまでにどのような能力を身につけるべきかがはっきりして、今年、今月、今週、そして今日何をやっておくべきかが明確になります。家庭での英語教育も同じです。

そこで何を目標とするかですが、一般の家庭では、英検が公表している「英検Can-doリスト」（82ページ参照）を目標にするのが良いと私は思います。理由は次の3つです。

①大学入試改革により、2020年度から英語入試は英検・TEAP・TOEFLと同じような4技能（読む・聞く・話す・書く）重視に移行する。2018年度大学入試ではすでに、全体の約20％の大学が4技能型民間試験を採用。なかでも英検の採用率はトップの94・4％。

②到達目標が4技能すべてで細かく記載されており、わかりやすい。

③私立中学校の入試に英語科が導入されると（東京ではすでに100校ほどの中学校で英語が入試科目に加えられています）①を踏まえて小学校英語は前倒しで4技能型になる。

「英検Can-doリスト」とは、のべ2万人を超える1級から5級の合格者に対し、合格直後に数回にわたって大規模アンケート調査を実施してその結果をまとめたもの。該当級に合格した人が全員必ずできるわけではありませんが、できる自信が高いものを厳選しているそうですから、家庭教育の目標にするのに相応しいのです。

日本の大学入試が2020年度から4技能型スタイルに改められるとなると、**高校3年生までに、英語の社説や論文といったロジカルでアカデミックな英文を読み書きできる英語力が求められます。この目標をクリアしていれば、日本の大学受験ばかりではなく海外大学の英語受験にも対応できますし、社会に出てからもグローバル社会で通用する英語力が身につきます。**

大学受験をする18歳前後でアカデミック英文の読み書きがスムーズにできるようにするという目標から逆算してみましょう。「英検Can-doリスト」を参照するとわかりますが、**高校3年生までには英検準1級（大学中級レベル。実際に使えるレベルの英語力）を身につけるのが目標になります。さらに中学入試に英語が取り入れられることを想定すると、小学校6年生の段階で英検準2級（高校中級レベル）を身につけることが目標になります。**時間を無駄にせずにさっそく取り組みましょう。

⦿3級（中学卒業程度）

読む：簡単な物語や身近なことに関する文章を理解することができる。

簡単な伝記や童話のような短く簡単な物語が理解できる。

聞く：ゆっくり話されれば、身近なことに関する話や指示を理解することができる。

ゆっくり（または繰り返して）話されたら、趣味、好きな音楽やスポーツ、学校やクラブ活動といった内容が理解できる。

話す：身近なことについて簡単なやりとりをしたり、自分のことについて述べることができる。

趣味やクラブ活動などの好きなことについて短い話をしたり、物事の好き嫌いについてその理由を簡単に述べたりできる。「I got up at seven.」のような日常生活での行動、「I'm going to meet my friend.」といった自分の予定を言うことができる。

書く：自分のことについて簡単な文章を書くことができる。

簡単な自己紹介、自分の趣味についてや、物事の好き嫌いの理由、短い日記や伝言も書ける。

⦿準2級（高校中級程度）

読む：簡単な説明文を理解したり、図や表から情報を得ることができる。

外国の生活や文化を紹介する簡単な説明文を理解。調査結果やグラフから必要な情報が得られる。

聞く：日常生活での話題や簡単な説明・指示を理解することができる。

趣味、好きな音楽やスポーツといった関心のある事柄、学校やクラブ活動といった身近な話題、授業での先生の指示、乗り物のアナウンス、簡単な道案内も理解できる。

話す：日常生活で簡単な用を足したり、興味・関心のあることについて自分の考えを述べることができる。

好きなスポーツや趣味、訪れたい国ややりたい仕事といった自分の将来の夢や希望について話せる。飲食店でメニューを見て注文ができる。

書く：興味・関心のあることについて簡単な文章を書くことができる。

自らの将来の夢や希望についてや、ペットや本など自分のお気に入りのものを紹介する文章、短いEメールも書ける。

英検 Can-do リスト

◉5級（中学初級程度）

読む：アルファベットや符号がわかり、初歩的な語句や文を理解することができる。

「dog」「eat」「happy」のように身近な単語や、「I play tennis every day.」といった簡単な文章が理解できる。

聞く：初歩的な語句や定型表現を理解することができる。

身近な単語を聞いてその意味が理解でき、「How are you?」のような簡単な挨拶が理解できる。電話番号や時間など身近な数字、日付や曜日を聞き取ることができる。

話す：初歩的な語句や定型表現を使うことができる。

アルファベット、身近な数字、身近な単語を発音。簡単な挨拶を交わし、身近な話題についてYes/Noで質問に答えられる。謝ったり、お礼を言ったりできる。

書く：アルファベット・符号や初歩的な単語を書くことができる。

アルファベットの活字体、自分の名前、身近な単語や数字を英語で書ける。

◉4級（中学中級程度）

読む：簡単な文章や表示・提示を理解することができる。

短いEメール、子ども向けの絵本のような簡単な物語、「Ken went to the park and played soccer with his friends」といった身近なことを表わす文章が理解できる。

聞く：簡単な文や指示を理解することができる。

簡単な自己紹介、簡単な文章や指示を聞いて、その内容や意味が理解できる。

話す：簡単な文を作って話したり、質問をすることができる。

簡単な自己紹介や質問ができて、相手の言うことがわからないときに聞き返せる。

書く：簡単な文やメモを書くことができる。

短文なら英語の語順で書けるようになり、文と文を接続詞でつなげて書ける。

⊙準1級（大学中級程度）

読む：社会性の高い分野の文章を理解することができる。

英文の種類や目的に応じ、適切に読みこなせる。英字新聞の社会的な出来事、講義や資料の要点を理解し、仕事に関するEメールが理解できる。

聞く：社会性の高い内容を理解することができる。

興味や関心のある講演や講義、テレビやラジオのニュースの要点などが理解できる。

話す：社会性の高い話題について、説明したり、自分の意見を述べたりすることができる。

課題の発表や仕事のプレゼンのように、調べたことについてまとまりのある話ができる。また読んだ本や観た映画のあらすじを述べられる。美容院の予約など、簡単な用件なら電話で用が足せる。

書く：日常生活の話題や社会性のある話題についてまとまりのある文章を書くことができる。

興味や関心のあることについて説明する文章、食べものや祝日といった日本文化について簡単に説明する文章、留学や入社動機といった自分がやりたいことの説明や理由の文章を書くことができる。

⊙1級（大学上級程度）

読む：社会性の高い幅広い分野の文章を理解することができる。

『TIME』や『Newsweek』や小説を理解。報告書や統計資料から必要な情報が得られる。

聞く：社会性の高い幅広い内容を理解することができる。

講演や講義、テレビの政治・経済的なニュースが理解できる。また会議に参加し、その内容が理解できる。

話す：社会性の高い幅広い話題についてやりとりすることができる。

社会的な話題や時事問題について質問したり、自分の考えを述べたりできる。会議に参加してやりとりしたり、電話で交渉したりできる。

書く：社会性の高い話題についてまとまりのある文章を書くことができる。

環境問題のような話題について自分の意見をしっかり文章にまとめ、仕事のレポートや報告を書いたり、新聞の社説や論文の要約を書いたりできる。講義や会議の要点のメモを取ることができる。

英検 Can-do リスト

⦿2級（高校卒業程度）

読む：まとまりのある説明文を理解したり、実用的な文章から必要な情報を得ることができる。

旅行者向けのガイドブックのような一般向けの説明的な文章、料理レシピのような実用的な文章を理解。簡単な内容なら、講義や課題図書や資料などのまとまった英文の要点が理解できる。

聞く：日常生活での情報・説明を聞き取ったり、まとまりのある内容を理解することができる。

地域のイベントのような身近な話、簡単な英語での授業や研修の内容、公共でのアナウンスが理解できる。

話す：日常生活での出来事について説明したり、用件を伝えたりすることができる。

旅行やイベントのように印象に残った出来事を話したり、自分が属する学校や企業の紹介、簡単な道案内、「Tell Jane to call me back.」というような簡単な伝言ができる。買い物で店員にほしいものや好みを伝えたり、簡単な質問ができる。

書く：日常生活での話題についてある程度まとまりのある文章を書くことができる。

学校行事や旅行のように印象に残った出来事の内容を伝える文章、自分が属する学校、企業、コミュニティを紹介する簡単な文章、読んだ本や映画に関する感想などを書ける。

スタートダッシュが肝心。ロケット噴射で子どもを伸ばす

「教育こそスタートダッシュで勝負が決まる」というのが、私の持論。**最初にロケット噴射でいきなり高いレベルまで持っていくと、そこからさらに伸びるようになります。**

やさしいところから段々に進めていくやり方は、子どもにとってラクなようですが、効率が悪すぎます。子どもに無駄な努力を強いることになり、長い目で見ると子どもの負担を増やすだけで逆効果なのです。

娘は2歳でバイオリンを始めましたが、最初についたバイオリンの先生は典型的なスロースターターでした。

忘れもしません。最初のレッスンは、壁にかかとから頭までつけた姿勢を20分間保つところからスタートしました。

「先生、いつバイオリンを弾くのですか?」

付き添っていた私は気になって思わず尋ねたら、次のような返事が返ってきました。

「バイオリンは弾く姿勢で決まりますから、今日は姿勢だけを学びます」

げんなりしながら翌週も通ってみると、今度は「ラ、ラ、ラ、ラ……」とラの音ばかりをずっと弾かされて終わり。

「先生、いつになったら曲を弾くのですか？」

と一抹の不安を感じた私が尋ねたら、先生はこう答えました。

「バイオリンは姿勢と持ち方が命だから、まだまだ曲は弾きません」

その解答を聞いた瞬間、これではいつまで経ってもラチが明かないと悟り、申し訳ないと思いながらもその先生に見切りをつけて別の先生を探しました。

次にレッスンを受けた先生は、最初の先生とは対照的なロケットスタート型。壁で姿勢を固めたり、ラの音を延々出したりするような工程はすべてすっ飛ばし、いきなり難しい曲を弾かせるタイプでした。小澤征爾さんと同じ世代のスパルタタイプだったのです。

難しい曲を弾くには、うちに帰ってから死ぬほど練習しなくてはなりません。でも、おかげで娘のバイオリンは飛躍的に向上しました。最初の先生にずっとついていたら、娘がジュリアード音楽院に行くこともなかったでしょう。

大量にインプットするからアウトプットができるようになる

英語をロケットスタートで身につける近道は、英単語や英文にできるだけたくさん触れること。**英語をインプットすればするほど、ライティングやスピーキングといった英語のアウトプットもしやすくなります。**娘は「英単語2万語の暗記とスピード感のある英文の多読で、英語がスラスラと頭に入ってくるようになった」と言っています。

ＡＩ（人工知能）に深層学習させるときも、なるべく多くの情報をインプットすることから始めるそうです。インプットされた情報が多いほどＡＩの深層学習は進み、次から次へとアウトプットできるようになるとされています。ヒトの脳はコンピュータと同じ作りをしているわけではありませんが、インプットの量でアウトプットが決まるという点では似ていると私は思います。

家庭学習で小さいときから、多くの英単語を脳に刻み込み、大量の英文を読むクセをつけてインプットを増やしておくと、小学校高学年の段階で大学入試レベルのロジカルな英

文が読めるようになります。やがては書けるようにもなり、話せるようにもなるのです。小さいときから熱心に読書をしている子どもは、早々に大人向けの本を読んで理解できるようになります。英語もそれと同じです。

たとえば、「procrastination」という英単語は子どもには難しくて、最初は「何だろう」と思うかもしれません。でも、大量の英語に触れているうちに「procrastination」という単語がサボる、怠慢にしているという場面や意味合いで登場することが多いと気づいて、教えられなくても「グズグズする」という意味だとわかってきます。

２０２０年度（一部２０１８年度）より実施される新学習指導要領では、小学校３年生から外国語活動として英語教育が導入されることになっています。とはいえ、指導要領によると小学校の４年間で覚える英単語の目安は６００〜７００語程度。最低でも８０００語〜１万語、できれば１万５０００語ほどの英単語を覚えていないとロジカルでアカデミックな英文の読み書きはおぼつかないのに、新学習指導要領でも高校卒業までに覚えるべき英単語は４０００〜５０００語とされています。子どもには多くの単語を暗記できるとてつもない吸収力があるのに、使わないのはもったいないことです。

英語でのインプットを家庭で増やすことで、ネイティブが書いたロジカルでアカデミックな英文を理解し、英語でディスカッションやスピーチできる子どもに育てましょう。

家庭での音読から始めて子どもの英語力を引き上げる

英語4技能（読む・聞く・話す・書く）のうち、家庭学習で伸ばしたいのは、リーディングとライティングです。

日本人には英語ができる＝英語ペラペラという幻想があります。スピーキングとリスニングに対してコンプレックスを抱く人が多いためでしょう。

でも、幼児向けの英語教室でネイティブの講師と英語でゲームをしたり、歌ったり、簡単な会話をしたりして「子どもの英語力が伸びている！」と喜ぶのは大間違い。

英語を学ぶ真の目的は、旅先でのネイティブとの日常会話を英語ペラペラでカッコよく決めることではありません。

これからの時代、英語を学ぶ本当の狙いは、グローバル社会の標準語としての英語を身につけて、英語で情報を集めて発信し、いわゆるクオリティペーパー（高級紙）の社説や論文のようなロジカルでアカデミックな英文の読み書きをこなすこと。ハーバード大学をはじめとする海外の有名大学入試で重視されるのも、ロジカルでアカデミックな英文の読み書きをこなす力であり、日本の大学入試もいずれそうなるでしょう。

だからこそ、ご家庭で優先して学んでほしいのはスピーキングとリスニングではなく、リーディングとライティングなのです。リーディングとライティングは書き言葉なので、家庭学習で早期から学びやすいというメリットがあります。ネイティブではない親御さんがスピーキングとリスニングを教えるのは大変です。

リーディングとライティングに集中してしまうと、スピーキングとリスニングがいつまで経っても上達しないのではないか……。そんな心配は無用。**リーディングとライティングで英語を大量にインプットしていると、その組み合わせでスピーキングとリスニングはいくらでもこなせます。**

社会に出てから求められるのは、広範な話題について英語でディベートやディスカッションを交わし、自分のアイデアを効果的にプレゼンテーションすること。これらも、リーディングとライティングによる大量のインプットがあってこそ可能になるのです。

私自身、英語圏への留学経験はないにもかかわらず、リーディングとライティングで身につけた英語でＳＩＪのボランティア講師に応募してくれるハーバード生を面接し、彼らと意見交換をしながらＳＩＪの運営を続けています。

娘も英語圏への留学経験はありませんでしたが、「英単語2万語の暗記とスピード感のある英文の多読で身につけた英語力で、高3まで日本語で習っていた数学、化学、世界史などの受験科目を10ヵ月以内にすべて英語に転換し、ハーバード大学の入試では高得点が出せた」と振り返っています。

筆記試験後の英語での面接も難なくこなし、晴れてハーバード生になってからも英語で授業を受けて（さすがに最初の一年くらいは多少苦戦していたようです）、友達とのコミュニケーションもちゃんと交わせていました。

リーディングとライティングではライティングを後回しにします。**はじめに手をつけたいのはリーディング。声に出して英語を読む「音読」です。**

私自身、小学生のときにテレビCMに出てくる英語の「音」と「文字」が一致することに気づいた瞬間、英語の教科書が音読できるようになり、そこから英語力がメキメキ伸びるようになりました。

あらゆる英文を声に出して読みまくり、意味が知りたくなったらすぐに辞書を引いて理解する。これが英語を克服する第一歩なのです。

幼児向けの英語教室では「A，B，C……」のアルファベットの書き取りを延々繰り返すところから始めるスクールもありますが、それは無駄です。スロースターターのスクールでは、「A，B，C……」とアルファベットを大文字で書いたら、次は「a，b，c……」と小文字で書かせます。これで1年目が終わり、2年目にようやくfruitやHelloといった超簡単な単語を書き出すという具合。時間の搾取以外の何物でもありません。

書き取りは無駄なだけではありません。小学校に上がるまでの6歳くらいまでは握力と筆圧が弱いので、子どもは大人が想像している以上に書くことが苦手。アルファベットの書き取りからスタートするとうまく書けず、すぐに疲れてしまいます。そこで英語に苦手意識が植え付けられたら大変。不得手なことを強いるのはやめましょう。

握力も筆圧がついてきたら、書き取りも自然にできるようになります。それまでは音読によるリーディングを重視して家庭学習を行ってください。

ですから、本書では音読によるリーディングを英語の家庭学習のメインとして解説します。音読によるリーディングができて多くの英単語が暗記できたら、その勢いでライティング以降はクリアできます。

単語を知らないと英語は上達しない。暗記がすべてを決める

音読によるリーディングで、何よりも重視したいのは英単語の暗記です。私はつねに「**英語の9割は単語で決まる**」と言い続けています。**知っている単語が多ければ多いほど、英語力は高まるのです。**

日本人は文法を知らないとリーディングはできないという思い込みが強すぎます。おかげで学校では英文法をBe動詞から順番に教える反面、インプットされる英単語の数が少なすぎるので、いつまで経っても英語力が高まらないのです。

日本語の文法を知らなくても日本語の読み書きができるように、英文法を知らなくても英語のリーディングやライティングは行えます。文法の理屈を覚えるより、まずは英単語を一つでも多く覚えることを優先してください。

単語がわかっても、文法がわからないと、長文は読めないし、書けない……というのは大ウソです。ヒトが細胞の集まりであるように、どんな長い文章だって所詮は単語の集ま

りにすぎません。単語の意味がわかれば、文法を知らなくても長文は読めます。読めたらいずれ書けるようになります。逆に文法が完璧にわかったとしても、単語を知らないと長文はチンプンカンプン。読めないし、書けないのです。

日本人はあまりに英単語を知らなすぎるために、テニスが好きな理由を聞かれても「Playing tennis is interesting.」とか「Tennis is fun.」といった文章になりがち。これは形容詞の語彙が少ないことが原因です。また、日常の日本語でも「面白い」「楽しい」レベルの感想を言う習慣しかないからです。

英文のもっとも基本的な構造はS（主語）+V（動詞）+C（補語、形容詞など）です。主語の「I」や「We」から始めたら、「When I play tennis, I have a lot of fun.」といった長い文章が書けるようになります。

S+V+Cで文章が書けないのは、主語の「I」や「We」から始めたとしても、その後の動詞や補語の語彙力が圧倒的に不足しているため。多くの日本人の英語への苦手意識を克服するには、単語を増やすことです。それによって文章のバリエーションが増え、良好なコミュニケーションが交わせます。

暗記の重要性を強調すると、「いやいや、英語ではやはり表現力が大事だ」とか「数学では閃きやセンスが求められる」とか「歴史は全体の流れを理解していないとダメだ」といった批判を受けることもあります。

おっしゃるように、英語では表現力、数学では閃きやセンス、日本史や世界史では全体を俯瞰する視点は大切です。

でも、覚えている英単語が少なすぎたら、表現力を示しようがありません。数学の公式を暗記していなかったら、閃きやセンスの出る幕はないでしょう。主要な出来事が起こった年号を知らなかったら、日本史も世界史も俯瞰できないのは当たり前です。

オリジナル英単語カードで1歳から暗記を始める

ロケットスタート型の英語教育では、**アルファベットの書き取りはすっ飛ばし、英語は英単語の暗記からいきなり入るようにしてください**。単語を覚えたら大文字や小文字の書き取りをしなくても、アルファベットは自然に覚えます。

娘は1歳から、英単語の暗記をスタートさせました。使ったのは私が自作した英単語カードです。わざわざオリジナルで英単語カードを作ったのは、1歳児が使えるような英単語カードがまだ市販されていなかったから。それに自作すれば大きなサイズで作れるので、幼児にも見やすくて暗記がしやすくなります。

私のオリジナル英単語カードは、A5程度のサイズの画用紙に英単語が書いてあり、その表にはイラストでその英単語が示すものが描いてあります（写真4）。たとえば、「cat」なら表には猫の絵が描いてあり、「hat」なら表には帽子の絵が描いてあります。**①表の絵（猫）を見せる→②catと発音する→③くるりと裏返して裏の英語（cat）を見せ**

写真4　表にイラストを描き、裏に英単語を書いた単語カード。

るだけ。書き取りはナシ。「これは猫よ」と和訳もしません。これなら子どもたちは直感的に英単語が暗記できます。

私は楽しみながら夜なべをして英単語に対応するイラストをせっせとカードに描いていましたが、いまならインターネットの画像検索でサンプル画像を印刷して貼れば、作業は格段に省力化できるでしょう。

英単語の暗記はもっとも簡単な、母音が一つのものから始めます。

日本語の母音は「あ・い・う・え・お」の5つしかありませんが、英語の母音はもっとたくさんあります。私はそのなかからまず基本として5つの母音を選び、覚えやすいように同じ母音を一つだけ使った英単語のグループを作り、グループごとに暗記させていました。100ページより例をあげます。

ちなみにそれぞれの（　）内は裏のイラストです。日本語で「猫」と書いてあるわけではありません。英語ははじめから英語で覚えるのが正解です。

これ以外の単語例を探したい方は、のちほどご紹介する単語帳『英検5級　でる順パス単』（旺文社）を参照してみてください（105ページ）。

英単語カードを使った学習で、ぜひとも守っていただきたいのは①間違いは正さずにスルーする、②子どもを試さない、という2つのポイントです。

間違いをいちいち正したり、「○○ちゃん、これはナニ?」と試したりすると、雰囲気がテストっぽくなって子どもはリラックスできなくなり、たちまちやる気を失ってしまいます。繰り返しますが、和訳はしません。

多少の間違いがあったり、覚えていない単語があったりしても、構わないで続ければ、心配しなくても子どもはそのうち覚えるようになります。

英単語カードを使っての学習法は、次の動画を参考にしてみてください。

◉**動画「英単語カード学習法」**
http://dirigo-edu.com/ 単語カードの読み方 /

◉ 母音「a」　発音記号「æ」

cat （猫）	hat （帽子）	bag （カバン）

◉ 母音「e」　発音記号「e」

bed （ベッド）	hen （雌鶏）	pen （ペン）

◉ 母音「i」　発音記号「i」

sit （座る）	pin （ピン）	big （大きい）

◉ 母音「o」　発音記号「ɑ」

mop（モップ）	hot（暑い）	top（先頭）

◉ 母音「u」　発音記号「ʌ」

cup（カップ）	sun（太陽）	bus（バス）

次は２つの母音がひとつながりになった二重母音の単語に移ります。

◉ 二重母音　発音記号「ei」「ai」「ou」

cake（ケーキ）	bike（自転車）	rose（バラ）

英語の読み方習得は なぞり読みが最強

この英単語カード学習に取り入れているのは、英語圏における主要な学習法「フォニックス」です。フォニックスとは、アルファベットと音の関係を先に覚えてしまおう、というメソッドで、日本でも児童英語教室で盛んに行なわれているほか、2020年度よりスタートする新教科書にも「Sounds and Letters」として導入されます。

ただし、英語を読む最強のスキルをお伝えしますと、それは「なぞり読み」です。なぞり読みは、その名の通り、英語に指を添えながら読むメソッド。①**お手本の音声を聞く、②英語に指を添えながら音読する**、を繰り返す方法です。こうすると目移りせず、「いま自分がアルファベットのどの文字を読んでいるのか」が一目瞭然。指先の英語に神経が集中して読めるので、小さなお子さんでも英語が読めて理解できます。

また、1回の音読で①耳で聞く、②自分で声に出す、③それを自分で聞く、と3回も英語が入ってくるので、暗記脳が刺激されて暗記しやすくなります。

実際、娘のすみれも2歳のときには、CDで音声を聞かせた英語の絵本をなぞり読みで暗記して、私に読み聞かせくれました。

フォニックスがボトムアップ式だとしたら、なぞり読みはトップダウン式。握力と筆力が弱いうちから、無理して書き取りでアルファベットを覚えたり、単語を書き取って覚えたりしようとしなくても、なぞり読みだけでアルファベットも単語も読めるようになり、いずれその通りに書けるようになります。

律儀な日本人には、フォニックスを完全にマスターしないと英語が読めないとばかりに、フォニックスに数年を費やす人も少なくありません。もちろん私も幼児クラスでは、2ヵ月（8回）ほどフォニックスを取り入れることもあります。また必要に応じて「th」や「v」のような日本語にない音声についても教えます。

ただし、ずっとフォニックスにこだわりすぎるとメリットよりデメリットの方が多くなると考えます。理由は2つあります。

①英語の文字の発音には不規則なものが多いので、フォニックスではすべてをカバーしきれません。

②国語ではかなり難しい文章を読んでいる小学生には、英語でも同じレベルの英文が読めるようにしないと、いつまで経っても英語を使った説明や議論がきちんとできる子どもに育ちません。大事な時期をフォニックスに浪費するのはもったいなさすぎます。

そこで私の英語教室では、フォニックスは早々に切り上げて、幼児から小学生にもなぞり読みでどんどん英単語を読ませていますが、英検準2級、3級合格など、多数の成果を出しています。

家庭でフォニックスを行うのも、この単語カードの段階だけ。その次の段階、なぞり読みによる英単語学習法は、このあとご紹介します。

小学生のうちに英検準2級までの英単語を暗記する

英単語カードで超簡単な英単語に慣れたら、目標から逆算して小学生のうちに英検準2級（高校中級程度）までの英単語の暗記を目標にしてください。

新しい学習指導要領では、小学校3年生から英語の活動が始まりますが、それまで待たずにもっと早く始めてもＯＫ。英米人は0歳から英語を学んでいるのですから、「学校でも教えないうちに、自宅で英語を教えるなんて早すぎる」と考えないでください。英単語の暗記は何歳からでも、何年生からでも始めていいのです。

最初のステップは英検５級程度の６００個。英単語を覚えるペースは１週間で１００個が目安。私の英語教室でも、週１回75分の授業しかないのに、幼稚園や小学校１〜２年の子どもたちが、１週間１００個のペースで英単語を暗記しています。

私の英語教室で、英語学習未経験のお子さんが英検5級用の学習に使っているのは『英検5級　でる順パス単』（旺文社）という単語帳です。

『英検５級　でる順パス単』（旺文社）￥1,026

この単語帳は手帳サイズとコンパクトなので持ち運びもラク。単語ごとに覚えたら✓が入れられるチェックボックス（□）が用意されています。さらに音声データが無料ダウンロードできて、**①英単語のみの音読、②英語⇕日本語を1セットにした音読、③指をつけたなぞり読み**、という単語暗記の3つのポイントがスムーズに進められます。日本語の意味が赤字で書いてあり、付属の確認用赤シートを被せると意味の部分が見えなくなるので、覚えているかどうかを一つひとつ自分で確認できるのも◯。5級以降にも、4級から1級まで同様にシリーズが用意されていますから、レベルアップに応じた学習が可能です。

この単語帳を使って**1日20個ずつ×平日5日、週100個の英単語を覚えます。**

あえて週末に暗記をしないスケジュールになっているのは、週末は平日にはできない5教科以外の音楽やスポーツといった分野で子どもの得意を伸ばす活動に当ててもらいたいからです。

1週間に100個ペースなら、6週間で600個が制覇できる計算です。1回通しただけでは子どもたちは英単語を完全に覚えきれないので、週5日×6週間をもう1サイクル繰り返します。それでも6週間×2サイクル＝12週間、つまり**たった3ヵ月で英検5級程度の600語が難なくクリアできる**のです。

新しい学習指導要領では、小学校3年生から始めて小学校6年生までの4年間をかけて、英検5級程度の600〜700個を覚えるスケジュールになっています。私の学習法の16倍も時間がかかるのです。学校の英語教育がいかに非効率かわかります。

1日5分！ 1週間で100個の英単語を暗記する

ここまでの説明を踏まえて、家庭でどのように英単語の暗記を行うかを次のページより整理してご紹介します。

はじめは親子で一緒に行いますが、慣れてきたら子どもだけでできます。準備を整えておけば、英単語を覚えるのはたった5ステップ。1日5分でできてしまいます。

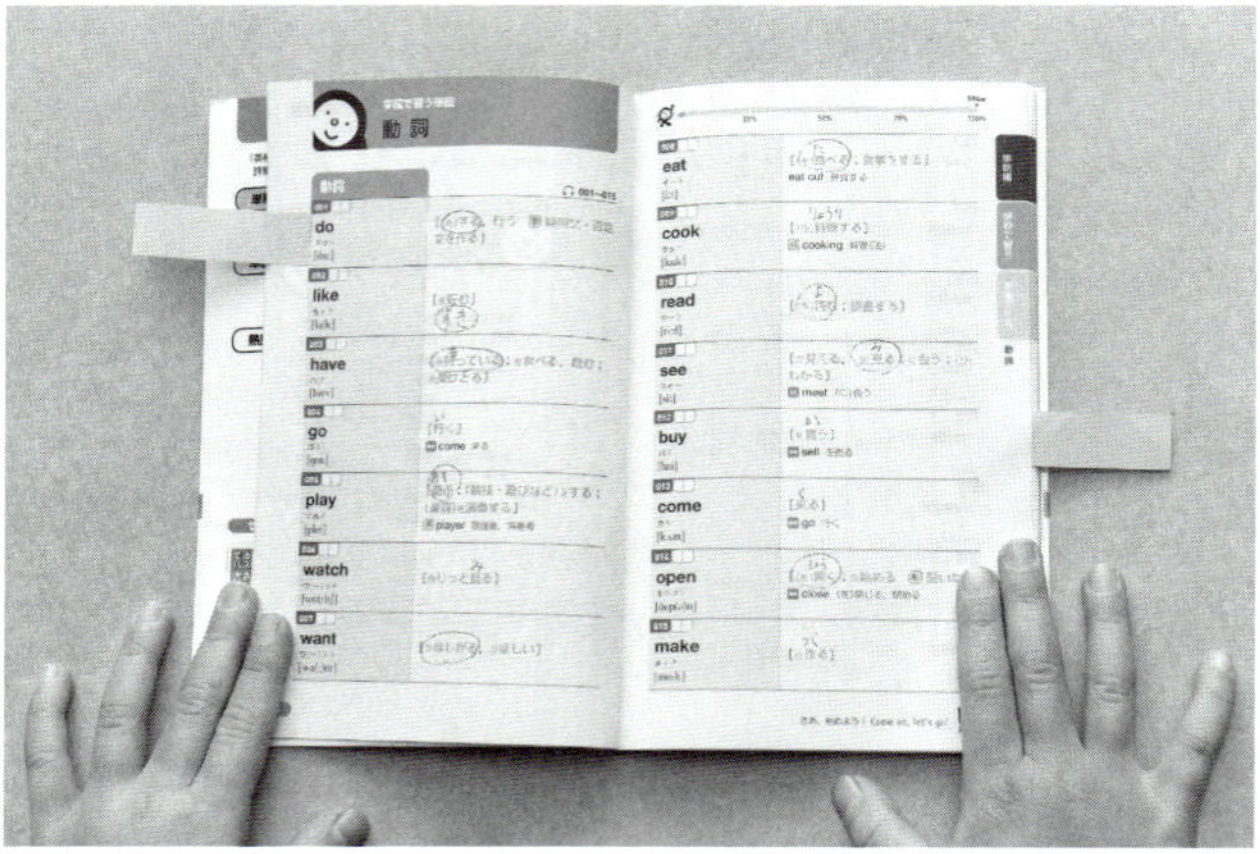

写真5　その日覚えるページページの最初と最後に付箋を貼る。

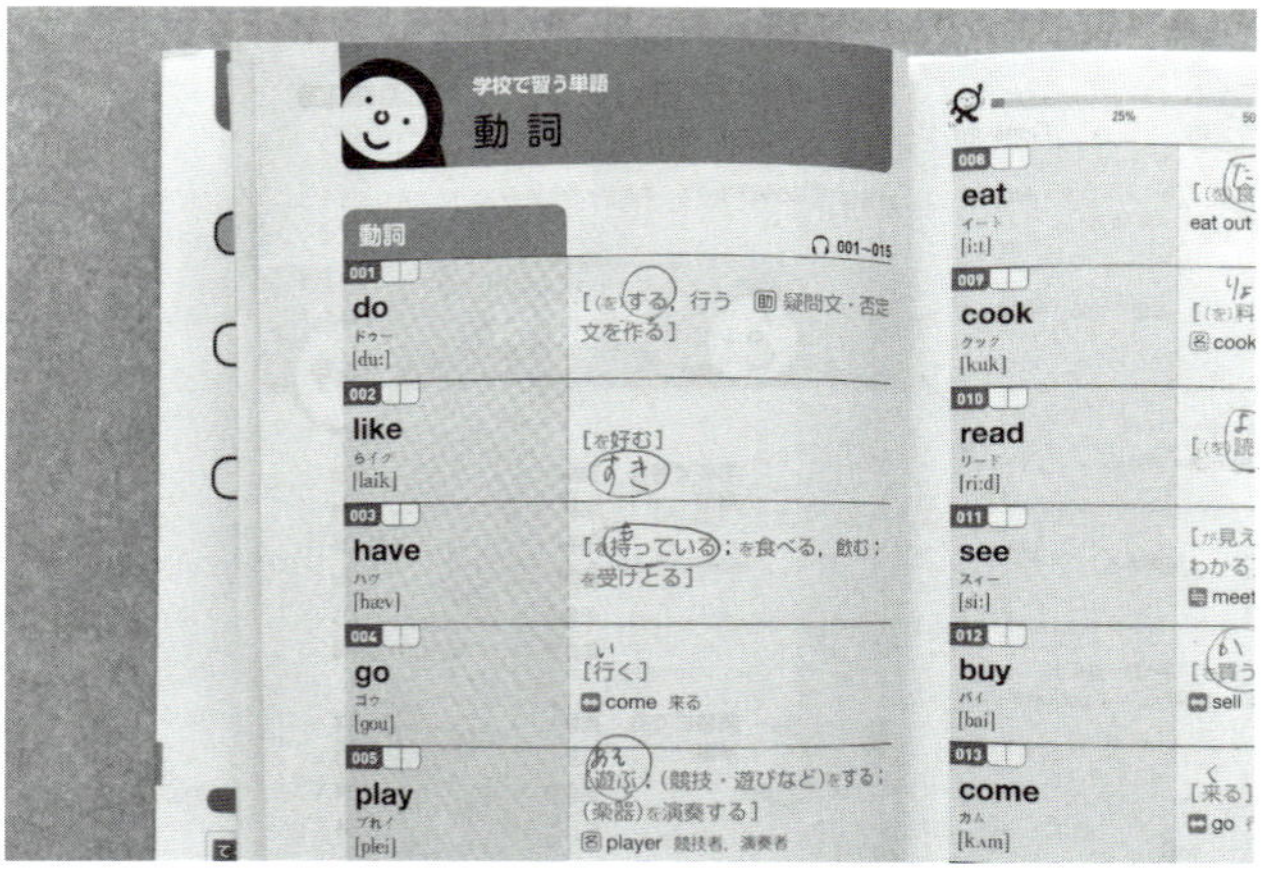

写真6　一つの英単語に一つの日本語の組み合わせを作る。

① 音声データを用意する

本に収録された英単語を読み上げる音声データをスマートフォンやタブレットにダウンロード（無料）します。

ただ、はじめのうちは英単語も「map」や「book」といったやさしいものばかりですから、親御さんが読んであげるのがベスト。ダウンロードされた機械的な音声より、大好きなお母さんやお父さんが音読してくれた方が子どもの暗記脳に英単語が刻まれやすくなります。

② その日覚える範囲をはっきりさせる

暗記するのは１日20個がリミット。単語帳を開いたら、**その日覚えるべき20個が載っている最初のページと最後のページに付箋を貼り、どこからどこまで覚えるのかをはっきりさせてあげましょう**（写真５）。その方が１ページずつその日のゴールに着実に近づく感覚があり、子どものやる気が出ます。

③ 一つの英単語に対応する日本語を一つ選んで◯で囲む

複数の意味がある英単語は、日本語訳を一つに限定。一つの英単語に一つの日本語という組み合わせを作っておきます。**選んだ日本語はわかりやすく◯で囲んでおきましょう**（写真６）。

mapには「地図」以外の意味はありませんが、openには「開ける」以外にも「公開する」といった意味があります。でも、「open ⇔ 開ける、公開する」と一つの英単語に二つ以上の日本語を割り当てると、英語と日本語がセットになって暗記脳に刻まれにくいというデメリットがあります。そこで「open ⇔ 開ける」と一つに絞って覚えるのです。どの一つに絞り込んで覚えるかは、子どものフィーリングにいちばん合うもの、という感覚的な基準でＯＫです。

一度に複数の意味を覚えなくても、「open ⇔ 開ける」と覚えてさえいれば、あとは文脈に応じて「開ける」なのか「公開する」なのかは判断できます。これも大量インプット方式の効用の一つ。複数の意味を欲張って覚えようとして記憶全体が曖昧になると、漠然としか印象に残らないので暗記したことになりません。

その際、動詞の「〜をする」「〜に会う」などの「〜を」や「〜に」といった助詞は◯から外してください。その方がシンプルで覚えやすくなります。

日本語訳で子どもが読めない漢字には、親御さんが赤ペンで読みがなをふり、さらに難しい表現はやさしく書き直してください。「like ⇔ 好む」を「like ⇔ すき」というふうに書き直しておくのです。

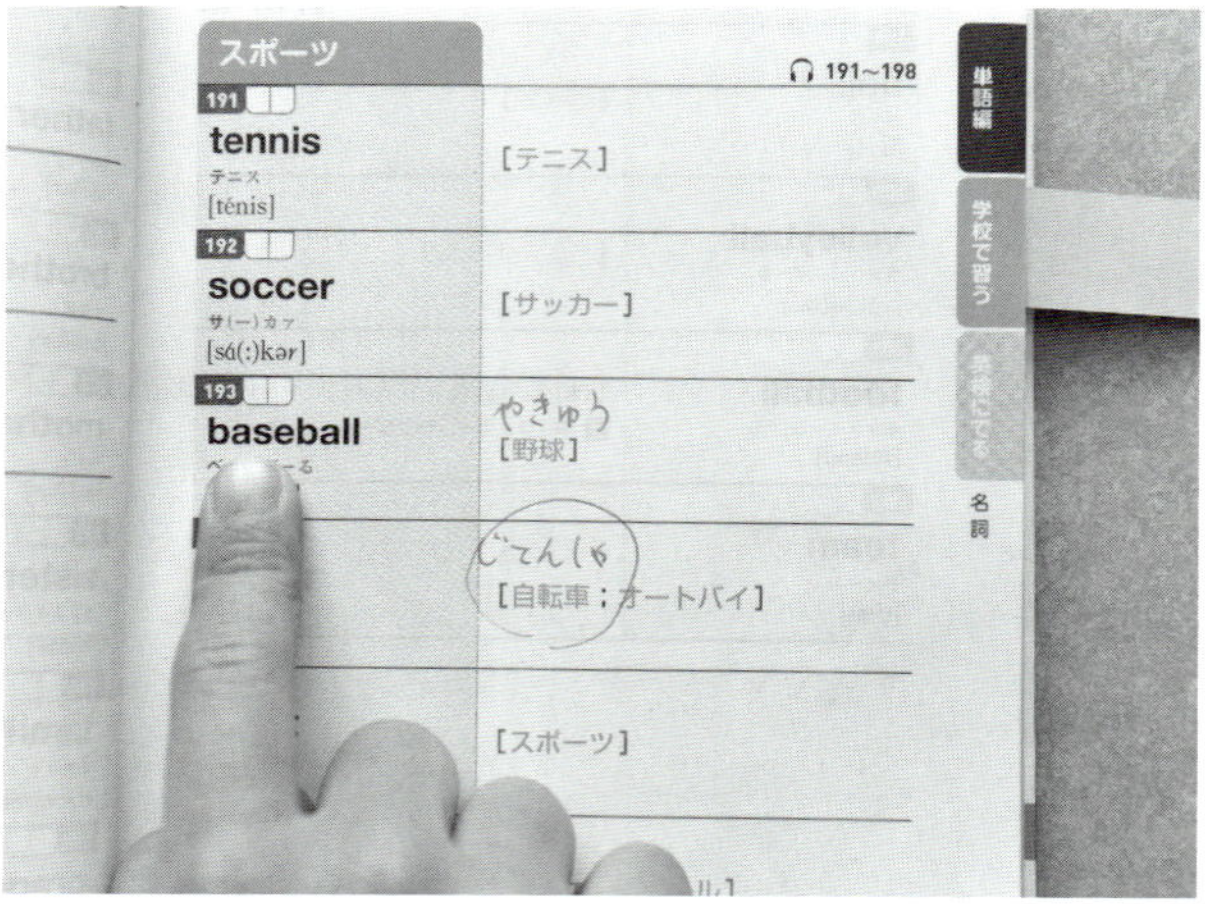

写真 7　「baseball」をなぞりながら「ベイスボール」と読む。

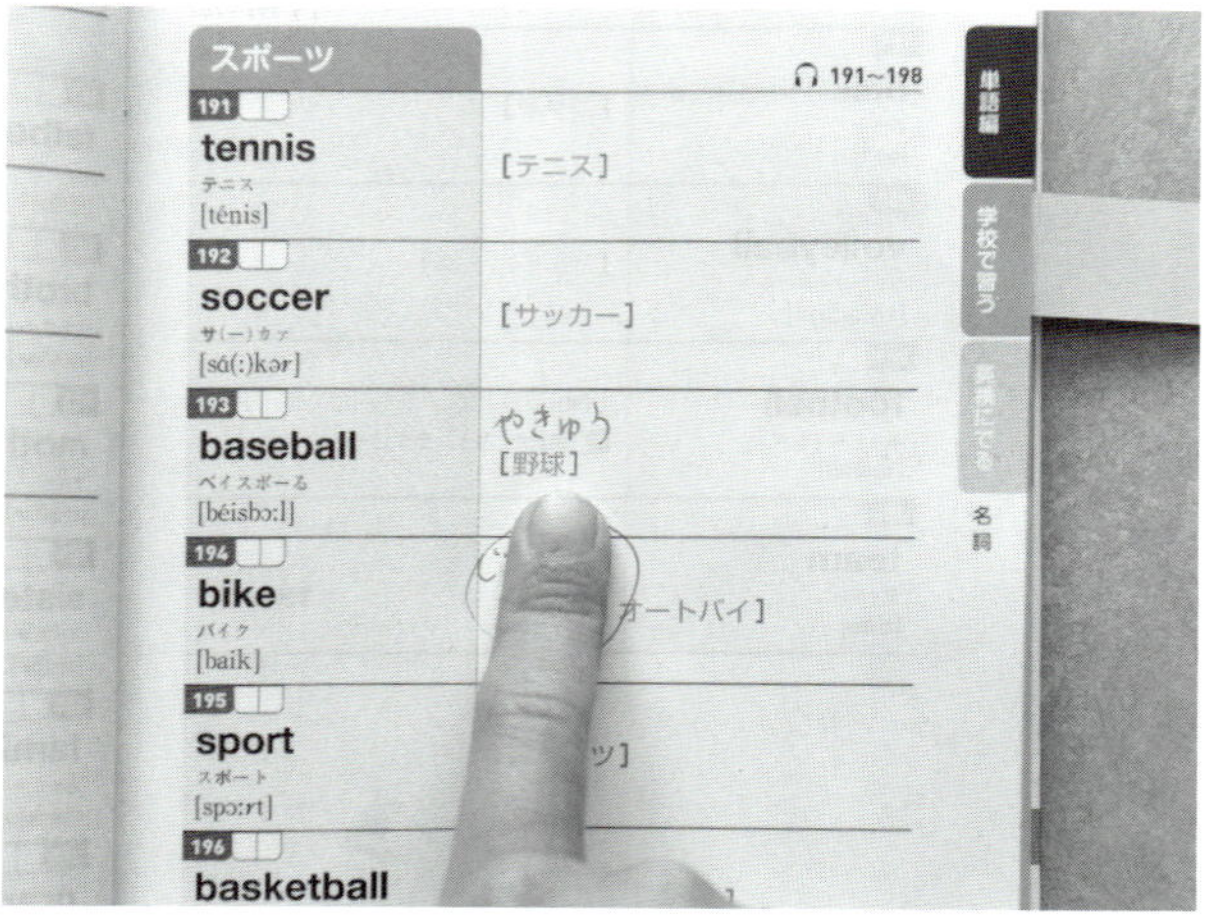

写真 8　英語に続けてテンポよく日本語で「やきゅう」と読む。

英単語を覚える５つのステップ

ステップ 1
単語帳を開いたら、1個目の英単語に指を添え、目でじっとよく見る。

ステップ 2
英単語の音声データを再生する。または親御さんが音読する。

ステップ 3
音声を聞いたら、お子さんが単語帳の単語部分に指を添えて、左から右になぞりながら（baseball）音読します（写真7）。**音声を真似て、自分がいまどの文字を読んでいるかを一文字一文字しっかり意識しながらなぞり読みをすることで、音と文字を一致させます。**こうすると1回の音読で「耳で聞く」「自分で声に出す」「それを自分で聞く」と３回も英語が入ってくるので、暗記脳が刺激されて暗記しやすくなります。

ステップ 4
次にすぐ、なぞり読みをした英単語に対応する日本語をお子さんが音読します（写真８）。ステップ１～４を20個の英単語で同様に行います。

ステップ 5
その日に覚える20語を、頭から１語ずつじっと眺めて脳裏に焼き付けます。なぞり読みで音を覚えるとしたら、最後は英単語を一つのビジュアルのかたまりとして網膜というフィルムに焼き付けるように記憶するのです。１単語に２秒、20語で40秒ほどかけます。このときはあえて声には出さず、凝視して覚えることに集中してください。覚える範囲の20個が終わったら、付箋を剥がします。夏休みのラジオ体操でカードにスタンプを押してもらうと達成感があって続くように、付箋を剥がすと子どもに達成感があり、毎日コツコツと続けると自己肯定感の向上につながります（171ページ参照）。

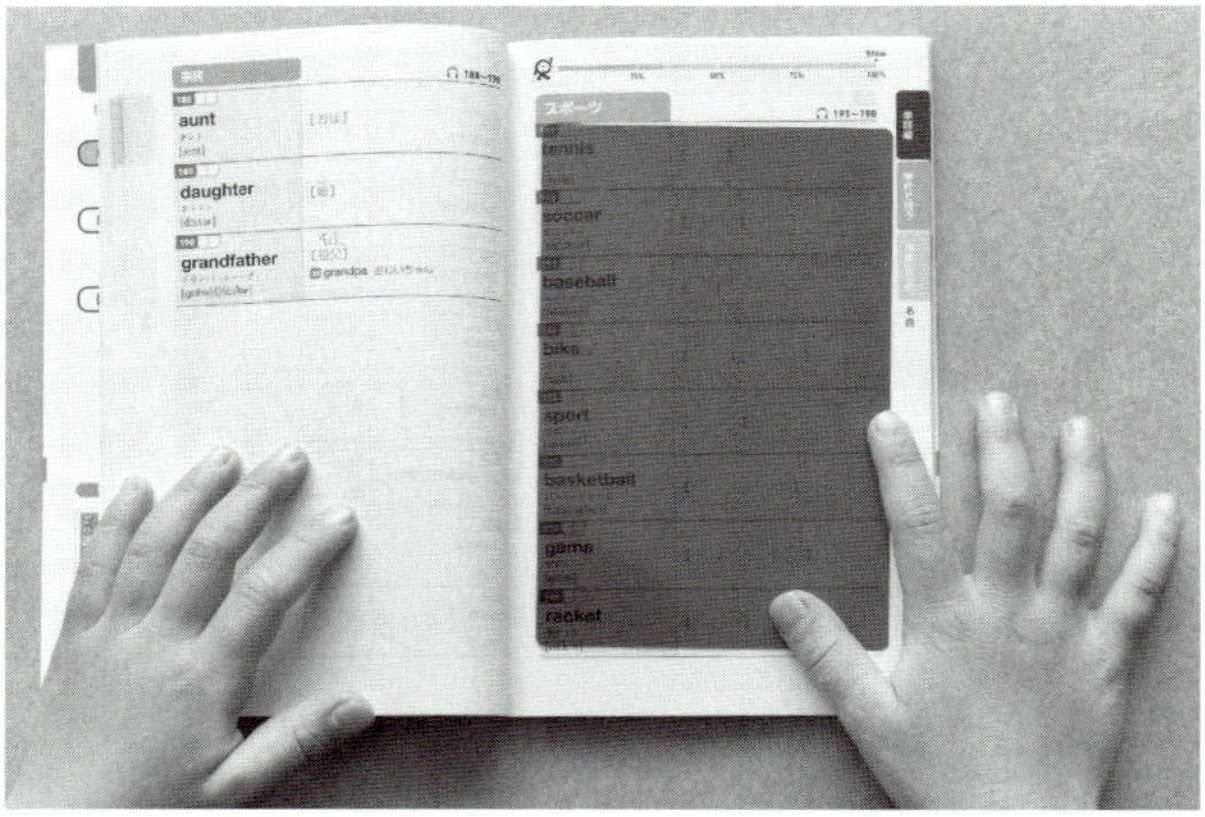

写真9　赤シートで日本語を隠し、１週間分 100 個の単語を覚えているかセルフチェック。

◉ １週間で１００個の英単語を覚えるスケジュール

１日目：新規の単語 20 個（所要時間約２分）

２日目：１日目の単語 20 個＋新規の単語 20 個（所要時間約３分←復習分は音読のみなので１分程度で終わります。以下同）

３日目：２日目の単語 40 個＋新規の単語 20 個（所要時間約４分）

４日目：３日目の単語 60 個＋新規の単語 20 個（所要時間約５分）

５日目：４日目の単語 80 個＋新規の単語 20 個＋赤シートチェック（所要時間約 10 分）

火曜～金曜の前日の復習のやり方

月曜は、その週に暗記脳にインプットするべき新規100個のうちの20個を前述の５つのステップで覚えました。

それ以降の**火曜から金曜は前日までの復習から始めます**。その際は、111ページのステップ３のように**単語帳の当該の英単語に指と目線を置いて、左から右へとなぞり読みで音読をするだけ**。それ以外はやらないので、あっという間に終わります。

週の後半になるほど復習する英単語は増えてきます。

火曜に復習するのは月曜分の20個のみですが、水曜には月曜分の20個＋火曜分の20個＝合計40個を復習します。

木曜には月曜分の20個＋火曜分の20個＋水曜分の20個＝合計60個を復習します。そして最後の金曜には月曜分の20個＋火曜分の20個＋水曜分の20個＋木曜分の20個＝合計80個を復習するのです。

どの曜日も平日は復習が終わってから、その日に覚えるべき新規の20個をステップ１～５で暗記脳にインプットしていきます。

金曜の赤シートチェックのやり方

１週間のフィナーレである金曜は、これまでの４日間と同じように前日までの復習＋新規20個の英単語を覚えてから、１週間の成果を確認します。

はじめにその週に覚えるべき100個をなぞり読みします。それから、赤シートで日本語を隠して覚えているかどうかをセルフチェックするのです（写真9）。

このスケジュール通りに行かなくても、焦る必要はありません。

大人だって仕事や家事が思ったように進まないのは日常茶飯事でしょう。英単語の暗記という新たなチャレンジをしている子どもが、スケジュール通りに行かないのは当たり前です。冷静になりましょう。

金曜日に100個全部を覚えている子どもは少数派。40〜50個でも覚えていたらかなり優秀、20個でも素晴らしいと思います。「1週間でたった20個?」とネガティブに捉えないでください。親御さん自身の子ども時代を振り返ってみましょう。果たして1週間に20個も英単語を覚えていましたか? たぶんそんな親御さんはほとんどいないでしょう。お子さんの頑張りを褒めてあげてください。金曜の赤シートチェックで取りこぼしがあっても平気。英検5級でも暗記を2サイクルは繰り返しますから、反復するうちに100個全部覚えるようになります。

このように英単語の暗記を平日の日課にしていると暗記脳が鍛えられて、耳も口も目も英語に慣れていきます。英単語のレベルは英検5級、英検4級といった1クールを通して同じであり、週を追うごとに難しくなるわけではありません。ですから、暗記脳が強化されると1週目の100個は赤シートチェックで50個しか覚えていなかったのに、2週目の100個は60個、3週目の100個は70個……という具合に脳に刻まれる数が右肩上がりに増えてきます。

私の学習法が効率的なのは、いちいちテストも書き取りもしないから。お母さんとお父さんが自分たちの世代が受けてきた教育の影響を引きずっていると、週末ごとに子どもが覚えているかどうかを穴埋め問題などで筆記テストしたくなります。試されていると思った瞬間、子どもはやる気を失います。**テストする時間があったら、暗記＝インプットに使いましょう。**

英検5級以降も、同じように週100個ペースで覚えていきます。やっているうちに暗記脳が育つので、単語が難しくなっても同じペースで続けられるのです。

単語が難しくなりますから、英検5級のように週100個×6週間×2サイクル＝3ヵ月では終わらなくなると思います。

シミュレーションをしてみましょう。英検4級（680個）は2サイクル、英検3級（1300個）は3サイクル、英検準2級（1500個）も3サイクル繰り返して覚えると仮定しましょう。

英検4級は1週間100個ペースで約7週間。これを2サイクル繰り返すと14週間。およそ3ヵ月半です。

英検3級は1週間100個ペースで13週間。これを3サイクル繰り返すと39週間です。およそ10ヵ月です。

英検準2級は1週間100個ペースで15週間。これを3サイクル繰り返すと45週間になります。およそ11ヵ月です。

つまり**英検5級からスタートしても、順調に進めば2年半以内に英検準2級までの約4100個の英単語が家庭学習で暗記できるのです。**

小学校では4年間かけても600個〜700しか覚えないのですから、その学習スピードの差は歴然です。小学3年生で英語教育が始まるタイミングでスタートしても、英語が入試科目に加えられる中学受験を控えた小学校6年生までに英検準2級(高校中級レベル)の英単語が終わっているスケジュールです。これなら英語は単語が9割ですから、中学入試の英語は楽勝です。

こうしてロケットスタートで子どもの英単語力を伸ばしていけば、英語力は飛躍的に高まることでしょう。最低でも8000語〜1万語、できれば1万5000語ほどの英単語を暗記脳に刻み込んで覚えていると、英語で情報発信をしたり、ディスカッションやプレゼンテーションをしたりが自在に行えるようになります。

“暗記脳”を育てるためには子どもをディスらず、ハグをする

大量の英単語を覚えるには、**暗記をいとわず進んで行う子どもの“暗記脳”を養う必要があります。学校では決して伸ばしてくれない分野ですから、お母さん、お父さんが家庭学習で子どもの暗記脳を育ててあげてください。**

暗記脳を作る土台となるのは、家庭の雰囲気。まずは先入観で暗記を頭から否定せず、「英語は単語がすべて。単語を暗記しないと何も始まらない」「英語だけではなく数学も歴史も暗記がすべて」という家庭の雰囲気を作ってください。

「うちの子、暗記が苦手で困ります」とか「集中力がなくて暗記なんて無理」というのは

親御さんの頑なな思い込み。やらせてあげないから、いつまで経っても苦手なのです。

そもそも子どもの前で「この子は暗記が苦手」「集中力がない」などと言うのはNG。

子どもはお母さんとお父さんが大好きです。それなのに「暗記が苦手」とか「集中力がない」とディスられてしまったら、あっという間に落ち込んでモチベーションが下がります。「もっと学びたい！」という学習意欲はたちまちしぼんでしまします。

その日英単語を20個覚えるつもりだったのに、10個で終わってしまっても、「10個しか覚えられなかったの？」というネガティブ発言をするのも絶対にダメ。一気にやる気を失い、翌日は単語帳を開くこともなくなるでしょう。

また、暗記脳を育むためには、子ども部屋のような個室に閉じ込めて孤独に暗記させるのではなく、リビングで親子一緒に暗記を楽しみましょう。リビング学習こそ暗記には最適です。

リビングでは、お母さん、お父さんはいつもニコニコして、オープンマインドでリラックスした雰囲気を醸し出します。そうすれば子どもは無駄に緊張しないで、肩の力を抜いて暗記に没頭できるはずです。

そして飽きる1分前に暗記は終了します。飽きているのに、ノルマが終わっていないからという理由で強引に続けようとするから、子どもは集中力が切れて暗記が苦手になってしまうのです。「ノルマが終わらない。キーッ！」とお母さん、お父さんが内心キリキリしていたら、子どもは緊張して暗記どころではありません。子どもをしっかり観察していたら、「そろそろ飽き始めたな」というサインがいろいろな形で出てきます。71ページで触れたように、椅子から足をブラブラさせたり、キョロキョロしたり、あくびをしたりしたら、飽き始めたサインだと思って間違いないでしょう。

飽きる1分前に暗記をストップしたらハグハグタイム。「よく頑張ったね！」と褒めて、子どもを優しく抱きしめてください。私の行う公開レッスンでも、暗記の後にはこの親子のハグハグタイムを必ず設けています。ハグされたあとのお子さんたちは明らかに表情が自信に満ちて生き生きし、積極的に次の課題に取り組んでくれます。

文法学習はすっ飛ばしてセンテンスカード丸暗記

「英語は単語が9割」と言うと、「文法はいいんですか?」とおっしゃる親御さんが必ずいらっしゃいます。けれど、私たち日本人は日本語の文法を習わなくても子どものときから日本語を話しています。同様に英米人の子どもたちも、「S(主語)V(述語)O(目的語)C(補語)」を習わなくても英語を話しています。

もちろん最終的なゴールは、大量の単語をストックすることではなく、多くの単語で構成された長い文章が読み書きできること。そこで、**英文もフレーズごと大量に丸暗記します。そうすれば文法をすっ飛ばしても、英文の構造を脳に染み込ませることができます。**

そのために、英単語カードの次に私がすみれとリビングで行ったのが、英語のセンテンスカードを使った学習です。

実際にどのように実践するかをご紹介しましょう。A3程度の大きさの画用紙か、できれば厚紙に英文を書き写します。1枚の画用紙に一つの英語センテンスを書き写す「1枚、

1センテンス」が基本です。会話文でしたら、表にクエスチョン、裏にアンサーを書きます（写真10）。

手に入りやすく質が保証された文例のネタ元として私がおすすめするのは、英検の過去問題（以下、過去問）。筆記テストの1（短文・会話文15問）、2（会話文5問）、3（並べ替え文5問）が、良い文例となります。

各級の問題集『過去6回全問題集』（旺文社）が市販されているほか、ここ3回分の過去問は、ホームページにも掲載されています。

◉公益財団法人日本英語検定協会　英検「試験内容・過去問」

http://www.eiken.or.jp/eiken/exam/

『英検5級　過去6回全問題集』（旺文社）￥1,080

写真10　1枚の紙に1センテンスを書く。

英検の過去問のテキストが販売されているのに、わざわざ画用紙に書き写してセンテンスカード化するのは、次の3つの理由があるからです。

第1にテキストの英文は文字が小さすぎて、とくに就学前の子どもには読みにくいから。拡大コピーして使う手もあります。ただ、それよりもお母さんやお父さんの手書きのセンテンスカードの方が子どもには親しみやすいでしょう。

2番目の理由は、子どもが英文一つひとつに集中しやすいからです。テキストだと一つの見開きにいくつもの英文が並んでいます。そこから一つに絞って集中しようとするのは大変。1枚に1センテンスのセンテンスカードなら、カードが示すセンテンスだけに注意を集中できるのでその心配は要りません。

3番目の理由は、過去問の例文が穴埋め問題だから。たとえば「I（　）dinner yesterday.」と書いてあると、「1.eat 2.had 3.eaten 4.eating」と選択肢が提示されています。正解はもちろん「2.had」ですが、私に言わせるとあえて問題にするようなレベルではありません。ならば「I had dinner yesterday.」と丸ごと覚えた方がうんと効率的。だからはじめから答えを書き入れた英文をセンテンスカード化して覚えるのです。すでに触れたように、家庭学習は問題を解かず、答えを写してひたすら暗記するのが正解です。

次のページよりセンテンスの具体例を紹介します。いずれも英検5級レベルです。

センテンスカードを見せたら、親御さん→お子さんの順に音読します。**「和訳はせず、英語は英語のまま暗記する」**というのは英単語カードのときと同様です。①間違いは正さずにスルーする ②子どもを試さない、という2つのポイントも忘れないでください。すぐにお子さんが一人でできるようになります。

センテンスカードを使った学習法は、次の動画をご参照ください。

◉動画「英語センテンスカード学習法」

http://dirigo-edu.com/ センテンスカードの読み方/

◉ **センテンスカード例**

My father is cooking in the kitchen now.

My grandmother lives in Kyoto with my aunt's family.

Tom is my friend. He is a good singer.

May's birthday party begins at three o'clock this afternoon.

June is the sixth month of the year.

John likes books. He often reads in the library.

Can you come with me ?（表）
All right.（裏）

Let's do our homework together.（表）
Yes, let's.（裏）

Good-bye, Mr. Jones.（表）
Bye, Cathy. See you tomorrow.（裏）

Do you have any pets?（表）
Yes, I have two dogs.（裏）

Do you know that song?（表）
No, I don't.（裏）

When is your birthday?（表）
December 11th.（裏）

1日5分！ 1週間で25本の英文を丸暗記する

センテンスカードを使った学習法で暗記脳をウォーミングアップさせたら、一歩進んでテキストで学んでみましょう。

私は自分の英語教室でも、センテンスの丸暗記法を生徒たちに教えています。それにより、子供たちの英語力をジャンプアップさせ、英検の合格率も飛躍的に上がりました。日本でもっとも効果的なこの丸暗記法をここで初公開しましょう。

センテンス丸暗記の教材としておすすめなのは、やはり過去問。前述した『英検5級過去6回全問題集』（旺文社）を使います。

覚えるのは、筆記テスト1（短文・会話文15問）、2（会話文5問）、3（並べ替え文5問）の各回25本の英文です。これを2日間にわけて暗記します。

センテンス丸暗記のメソッドを128ページより整理してご紹介します。

念のために言いますが、**暗記するときは読むだけ。書き取りはしません。**お子さんが確認用ノートに解答するときも、必ず数字で。英単語を書き込む必要はありません。

幼児や小学生に「書く」を要求するのは時間と才能の無駄。「1」と書くのは0・1秒ですが、「important」と幼児に書かせたら2分かかり、学習を続けるのがイヤになります。中学生になったら誰でもスラスラ書けるようになるので心配要りません。

「英語をただ読んで覚えているだけでは、子どもは本当の意味がわかっていないのではないか」という不安や疑問を持つ方がいます。けれど、**英文の意味を尋ねたり、教えてあげることは不要です。意味を尋ねられると、お子さんはテストされている気がして、英文をもっと読みたいという意欲がしぼみます。**数多くの英単語を暗記し、さらにたくさんのセンテンスを読めて覚えられたら、意味も当然頭に入っています。安心してください。

ましてや「ペンは複数形だけど、ノートは単数形だからaがついて……」といった**余計な文法的な解説をしたりしないでください。文法は教えなくても、たくさんの英文を暗記すれば自然に身につきます。**

②確認用ノートを作る

ノートを用意し、そこに、その日暗記する英文の問題番号を書き込んでおきます（写真12）。

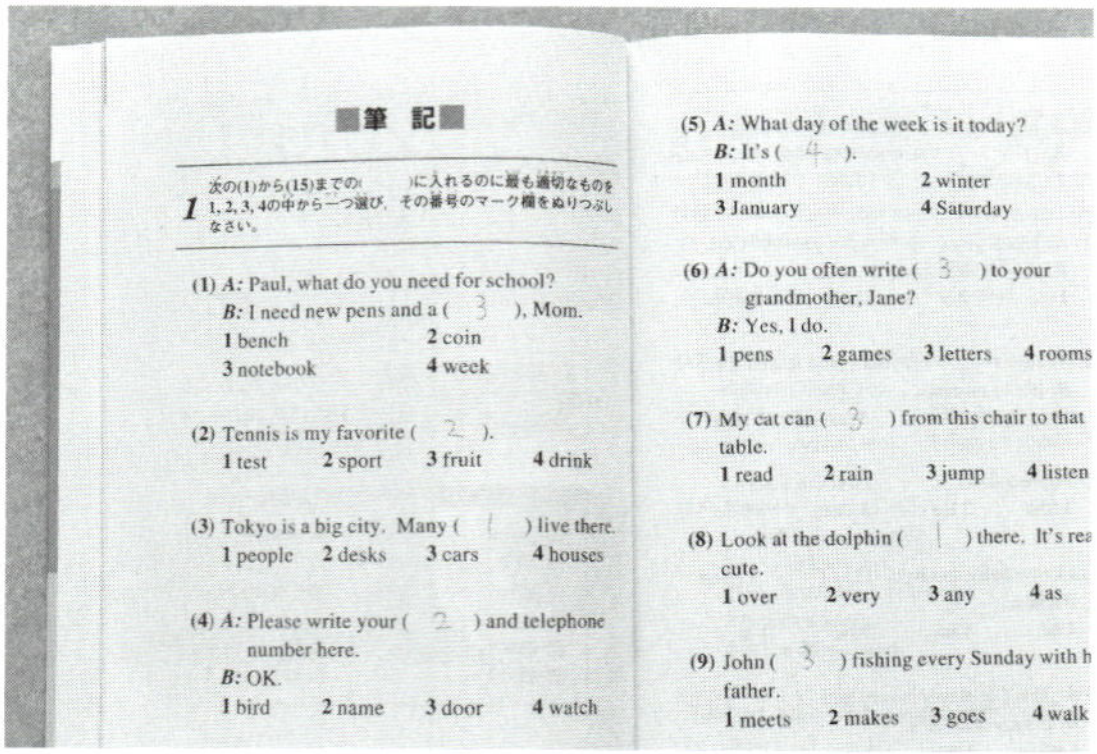
■筆　記■

1 次の(1)から(15)までの（　）に入れるのに最も適切なものを1, 2, 3, 4の中から一つ選び、その番号のマーク欄をぬりつぶしなさい。

(1) *A:* Paul, what do you need for school?
B: I need new pens and a (3), Mom.
1 bench　2 coin
3 notebook　4 week

(2) Tennis is my favorite (2).
1 test　2 sport　3 fruit　4 drink

(3) Tokyo is a big city. Many (1) live there.
1 people　2 desks　3 cars　4 houses

(4) *A:* Please write your (2) and telephone number here.
B: OK.
1 bird　2 name　3 door　4 watch

(5) *A:* What day of the week is it today?
B: It's (4).
1 month　2 winter
3 January　4 Saturday

(6) *A:* Do you often write (3) to your grandmother, Jane?
B: Yes, I do.
1 pens　2 games　3 letters　4 rooms

(7) My cat can (3) from this chair to that table.
1 read　2 rain　3 jump　4 listen

(8) Look at the dolphin (1) there. It's rea
cute.
1 over　2 very　3 any　4 as

(9) John (3) fishing every Sunday with h
father.
1 meets　2 makes　3 goes　4 walk

写真11　ひろつる式では、穴埋め問題はあらかじめ答えを入れて丸暗記します。赤ボールペンで（　　）内に答えの数字を入れます

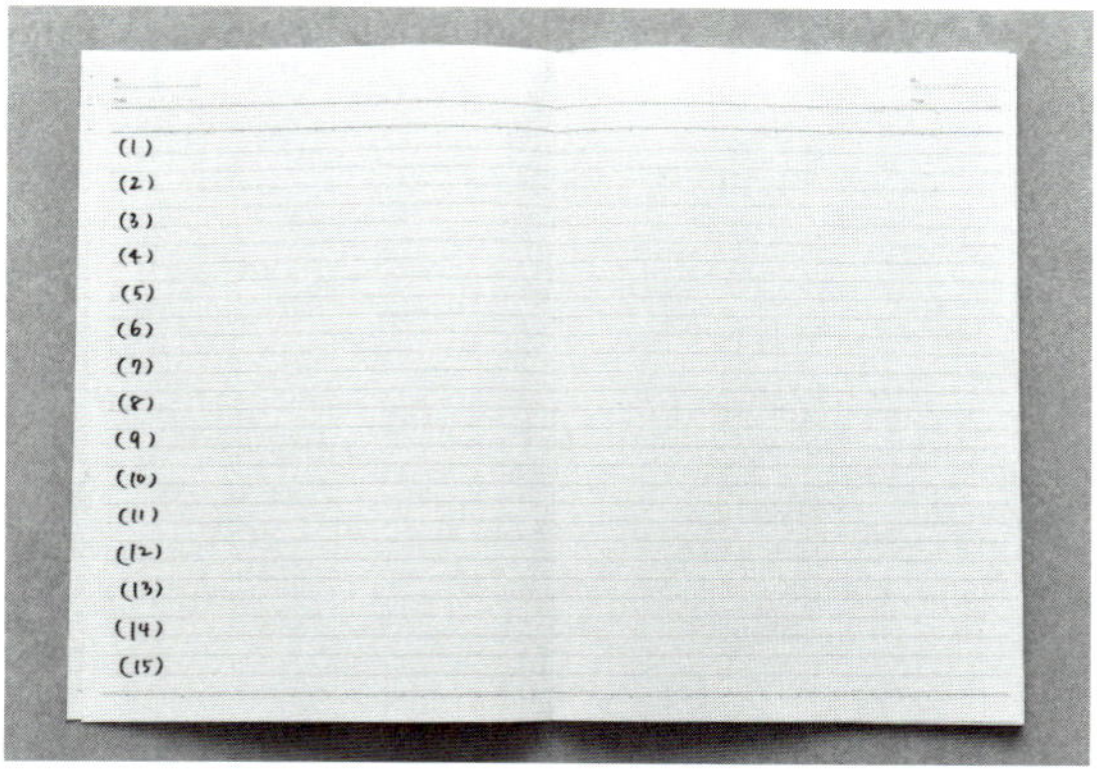

写真12　暗記の流れをスムーズにするため、あらかじめ確認ノートを作っておきます。

①親御さんが答えを（　　）や□内に数字で入れる

まず、別冊の解答を取り外します。

筆記テスト1、2では、短文や会話文の途中に（　　）があり、そこに選択肢から正しい答えを選んで答えるようになっています。筆記テスト3では、短文の中の4単語が□になっており、日本文の意味に合うように、そこに入る単語を選択肢から並べ替えて入れるようになっています。

私のやり方は「子どもを試さない」「答えを写して丸暗記」です。そこで、解答から親御さんが答えを写して（　　）や□内に書き入れます。子どもは書くのが苦手ですから、必ず親御さんがやってあげてください（写真11）。

あとで赤シート（単語暗記で使う『でる順パス単』の付属品を流用してください）で答えを隠して確認をしますから、**書き入れるときは赤いボールペンを使ってください。**

テスト1の会話文の場合はこうなります。

> (1) A：Paul, what do you need for school ?
> B：I need new pens and a (　　), Mom.
> 1 bench　2 coin　3 notebook　4 week

答えはもちろん3ですから、親御さんは次のように書き入れます。

> I need new pens and a (3), Mom.

答えの数字ではなく、notebookと書き入れた方がいい気がします。確かにそうですが、問題の数が多いので、英語で記入していると親御さんの負担が大きくなりすぎます。ですから、数字で書き入れてください。

テスト3の並び替えの場合はこうなります。

> (21) エレン、お風呂の時間ですよ。
> (①for ②your bath ③it's ④time)
> Ellen, □ □ □ □.

「Ellen, it's time for your bath.」が正しい文ですから、親御さんはこのように書き入れます。

> Ellen, [3] [4] [1] [2].

実際の検定では、1番目と3番目の空欄の組み合わせを解答するようになっていますが、ここではすべての数字を書き入れましょう。

きてスゴい」と褒めてハグしてやる気を引き出しておき、翌日「もう1回やってみようか」とステップ1に戻ってなぞり読みをします。英単語をしっかり暗記できていれば、なぞり読みを2回もすると正解率は80%に達するでしょう。

問題1～15をクリアしたら、翌日は問題16～25をステップ1～2の方法で繰り返します。こうすれば、1週間の平日5日間もあれば、ほぼ25本の英文を暗記できることになります。そうしたら、次の回の過去問に移って同じようにステップ1～2を繰り返します。

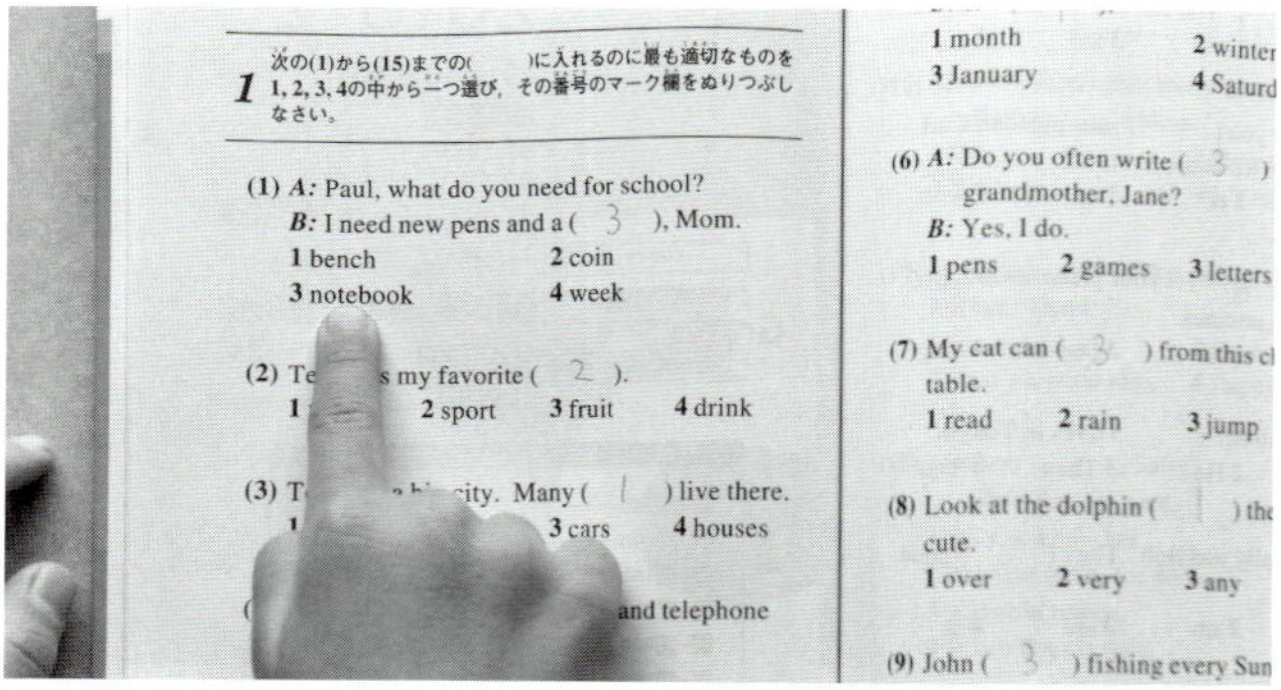

写真13　数字の部分はその数字にあたる英単語をなぞり読みする。

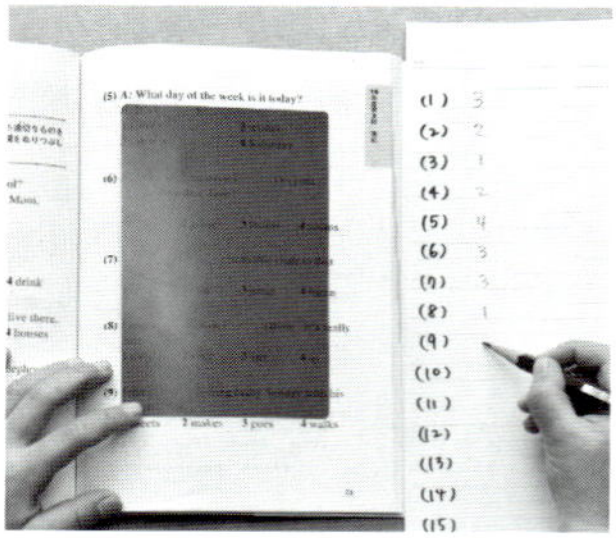

写真14　赤シートで隠れた単語を数字で書き込む。

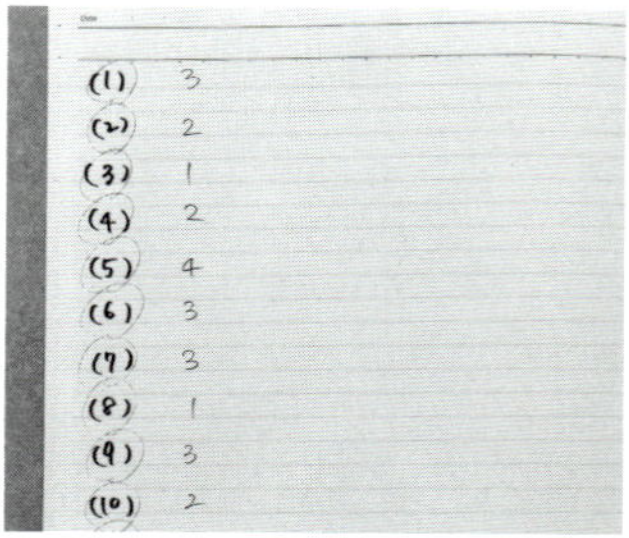

写真15　丸は問題番号につけたり、答えにつけたり、ではなくいつも問題番号につけると決めて作業をスピード化。

ステップ1 センテンスを指で押さえながら1回だけなぞり読みをする。

テーブルに教材を開いたら、その日に暗記するべきセンテンスをお子さんが1回ずつなぞり読みします。その際、**数字の部分は英語に置き換えて読みます**（写真13）。

1日目は筆記問題1～15の15問。筆記問題16～25の10問は翌日以降です。

(1) I need new pens and a (3), Mom.
（読み方）I need new pens and a notebook, Mom.

(21) Ellen, [3] [4] [1] [2].
（読み方）Ellen, it's time for your bath.

なぞり読みは1回やれば十分。連続して2回以上やると、お子さんが答えを「例文1の答えは3だ」と英語ではなく数字で覚えてしまうので、ステップ2での確認が正確に行えなくなります。

ステップ2 赤シートで答えを隠して達成度を確認する

ステップ1でなぞり読みしたページを赤シート（『パス単 でる順』の付属品）でカバーして答えを隠します。並べたノートに、お子さんが答えを数字で書き入れます。上の例文なら「(1) 3」と書き入れるわけです（写真14）。

お子さんが答えを書き終えたら、親御さんが答えを確認して、合っているものにだけ数字（答えの数字ではなく、例文の番号です）に丸をつけます（写真15）。

正解率80%で合格。15本なら12本が正解なら合格です。「スゴいね！」と褒めてハグしてあげましょう。

正解率100%にこだわらなくても大丈夫。この先も同じような問題が続きますから、そのうち正解率は上がります。英検だって正解率100%でなくても合格できますから、満点にこだわる必要はないのです。

正解率が80%未満でも、目を吊り上げたりしないこと。「こんなにで繰り返しますが、たとえ正解率が80％に達しなくても、できたことを褒めて、次に進みましょう。正解率はそのうちアップします。

「うちの子は70点しか取れなくて……」と心配になるのは、問題を解くから。**解かずに暗記すれば、劣等感を抱くことなく自己肯定感だけを高められます。暗記脳そのものを鍛えることは、英語だけでなくすべての教科の学習効果が高まることにつながります。**

ゲーム感覚で英語脳を磨く英文オリエンテーリング

英語ワンセンテンスの構造に慣れたら、長文の構造をつかむ必要があります。センテンスカードの次に娘のために作ったのが、英語オリエンテーリングカードです。その昔、東京大学の英語の2次試験の英語に、バラバラになった文章を並べ替えなさいという問題があり、それを見て「あれのお遊び版を作ったら楽しそう」と思い、私がオリジナルで考えた方法です。

大学受験の英語の長文は論文や新聞の社説のようなロジカルな英文ですが、子どもたちが大好きな文章はおとぎ話のような〝ストーリー〟。遊び感覚で英語を読む力を養ってほしくて、このストーリースタイルで英語オリエンテーリングを考えました。

ストーリーは、次の4つの要素から構成されます。①いわゆる「つかみ」に相当する「イントロダクション」、②クライマックスに向けて話が盛り上がる「ライジングアクション」、③お話の焦点である「クライマックス」、④話が収束する「フォーリング・アクション」。

アメリカの子どもたちは、幼稚園や小学校低学年でこの4要素をまず習います。ですから、独自のストーリーをつくるのが上手です。アメリカで起業する若者が多いのも、自分自身のオリジナルストーリーを基本に沿って創造する習慣が身についているためかもしれません。

英語オリエンテーリングカードでは、ストーリーの基本構造に則り、6～8つのセンテンスからなる物語を考えます。それを大きな6～8枚の画用紙に1センテンスずつ英語で書き出し、玄関、キッチン、リビング……と、家の中にランダムに置いておきます。それを娘に探して集めてもらいながら、意味がある物語になるように、並べ替えてもらったのです。娘は4歳で英検3級（中学3年修了程度）に受かっていましたから、そのレベルの英語でオリエンテーリングをしたのが始まりです。

私のやり方は突然始まり、突然終わるマルタ・アルゲリッチ方式ですから、「さぁ、画用紙を並べ替えて意味のあるストーリーにしてみよう！」とは言いません。作ったセンテンスカードをリビング周辺にただ置いておくだけです。「並べ替えてみよう！」と声をかけると、途端に勉強やテストの匂いがプンプンして子どもは嫌がります。

カードが並べられると、子どもたちは「一体何だろう」と興味を持ち、ゲームに没頭するように巻き込まれてカードの並べ替えを始めるでしょう。

英語オリエンテーリングカード例を次ページより紹介します。


この英語オリエンテーリングをやっていると、長文の英語がどのような構造をしているかが直感的にわかるようになります。

基本的に「after～」とか「then～」とか「however～」といったディスコースマーカー（文と文との理論的な関係を示すつなぎ言葉。接続詞、副詞、前置詞など）から始まるセンテンスは、物語の冒頭に来たりしません。

また、「lunch」といった単語や「It's getting dark.」といった文章があれば、「Good morning.」から始まるセンテンスがはじめなのもわかります。すると、「朝起きて朝食を

◉ 英語オリエンテーリング例1

"Good Morning" said Mom. “It's time to wake up."

Poco and Mom had breakfast.

"Let's go on a picnic."

"Here we are." Poco and Mom had lunch in the park.

After lunch they walked around in the park.

It's getting dark. They went home.

⊙ 英語オリエンテーリング例2

Once upon a time, there were two pigs, Mom and Baby Pig.

One day, the two pigs went for a walk.

When they came to the woods, they saw a little bear sitting on a tree stump.

"Hello, my name is Baby Pig. What's your name?" asked Baby Pig.

"Hi, Baby Pig. My name is Baby Bear," answered the little bear.

Baby Pig and Baby Bear become good friends.

◉ 英語オリエンテーリング例3

A：It's Sunday today. What do you want to do, Baby Pig ?

B：I want to go to the beach.

A：What do you want to do at the beach?

B：How about swimming?

A：That sounds nice! Do you have a bathing suit?

B：Yes, I do.

食べてから⇓どこかへ出かけてランチを食べて⇓暗くなったから帰ってきた」といった大まかなストーリーを頭に思い描けるようになります。

こうして、文章の流れをつかんでセンテンスを正しく並べ替えられるのです。

ここでもお子さんが並べ替えた順番が間違っていても完全にスルーしましょう。「この次はどのカードかな?」といったテストもしてはいけません。お母さんやお父さんはただただニコニコしながら見守ってください。

英会話の基本パターンは5W1HとYes／Noクエスチョン

スピーキング、つまり英会話も簡単なものなら家庭学習で始められます。英語センテンスカードに取り入れてやってみてください。

始める前に頭に入れておきたいのは。**英会話の基本となるのは5W1HとYes／Noクエスチョンの2パターン**であるというシンプルな事実。整理してみましょう。

5W1H

5W1Hは、When（いつ）、Where（どこで）、Who（誰が）、What（何を）、Why（なぜ）の5W、How（どのように）の1Hであり、冒頭に以上6つの疑問詞のいずれかが付いている質問です。

Yes／Noクエスチョン

Yes／Noクエスチョンとは、冒頭に6つの疑問詞がなく、「Do you ～」や「Does he ～」のようにイエス（はい）かノー（いいえ）で答えられる質問です。

この2タイプをきっちり区別して、どちらにもすぐに答えられるように家庭で練習しておきましょう。悲しいことに疑問詞がついている質問をYes／Noクエスチョンと取り違えてイエス、ノーで答えてしまう日本人は少なくないのです。「What's your name?（あなたの名前は何ですか?）」と聞かれて、よく聞き取れないので曖昧な笑顔で「イエス」と答えてしまうと、相手に「この人とは会話ができない」と思われてしまい、それ以上のコミュニケーションが交わせません。

5W1HとYes／Noクエスチョン練習例を次ページよりあげておきます。いずれも英検5級クラスのやさしい英文です。練習例の（　）内にはわかりやすいように和訳をつけていますが、子どもと練習するときにはいちいち和訳はしません。繰り返しになりますが、英語は英語のままで覚えるクセをつけましょう。

こうした会話文は、文法の解説を一切踏まえず、ひたすら繰り返して暗記します。**暗記してしまえば文法を気にする必要はありません。**

「一般動詞の疑問文はDo＋主語～の順番で始まるけど、主語が三人称単数になった場合にはDoではなくてDoesを使うのよ」とか「be動詞の疑問形には、主語が一人称単数のときはam、二人称の単数と複数のときはare、三人称のときはisから始まるから、疑問文を作るときは主語の人称と数に合わせてbe動詞を使い分けましょうね」といった余計なアドバイスは不要なのです。

文法よりも、子どもの暗記脳を鍛えてあげてください。

5W1Hの練習例

A：When does the party start？
（パーティはいつから始まりますか?）
B：It starts at five thirty.（5時半からです）

A：Where do you do your homework？
（あなたはどこで宿題をしますか?）
B：I do my homework in the living room.
（私はリビングルームで宿題をします）

A：Who is your favorite author？
（あなたのお気に入りの作家を教えてください）
B：My favorite author is Kazuo Ishiguro.
（私のお気に入りはカズオ・イシグロです）

A：What do you want for lunch？
（ランチには何を食べたいですか?）
B：I want a hamburger.（私はハンバーガーが食べたいです）

A：Why do you learn English？
（なぜ英語を学んでいるのですか?）
B：Because I want to talk with my American friends.（アメリカの友人と話したいからです）

A：How many books do you have in your bag？
（カバンに何冊本が入っていますか?）
B：I have four books.（私は4冊持っています）

Yes／No クエスチョンの練習例

A：Do you have any brothers ?
（あなたには兄弟がいますか?）
B：Yes, I have two.（はい、2人います）

A：Do you know this movie ?（この映画を知っていますか?）
B：No, I don't.（いいえ、知りません）

A：Does your mother play the piano ?
（あなたのお母さんはピアノを弾きますか?）
B：Yes, she plays the piano very well.
（はい、母は上手にピアノを弾きます）

A：Does your brother play soccer in the park ?
（あなたの兄弟は公園でサッカーをしますか?）
B：No, he doesn't.（いいえ、しません）

英語の音読には3つのスタイルがある

英文の音読には詳しく言うとリピート、シャドーイング、オーバーラッピングという3つの方法があります。その違いをはっきりさせておきましょう。

①リピート

リピートは**音声データの「I have a pen.」という読み上げを聞いたら、同じように「I have a pen.」と復唱するやり方。**音声データを聞いて英単語を音読する英単語暗記法（111ページ）と同じです。

②シャドーイング

シャドーイングは**音声データに一瞬遅れで続けて読むやり方。**文字は見ません。集中して聞かないと最初は思ったように読めませんが、それだけ真剣に聞くようになり、英語の上達が早まります。

③オーバーラッピング

オーバーラッピングは、**音声データを聞きながら、それに被せる（オーバーラップする）ようにテキストを読むやり方**です。

いずれの場合でも意味を考えながら読んではダメ。音の流れとして読むクセをつけさせてください。いちいち単語の意味を考えていたら発語できないのです。

こうすればアルファベットを一つひとつ教えなくても、英語は読めて話せるようになります。日本語でも、子どもは「あ・い・う・え・お」と書けないうちに話せるようになっています。英語もそれと同じです。

日本の英会話教室や学校教育ではリピートを重視しますが、リピートはテキストを覚えないといけないから実は難しいもの。シャドーイングは何も考えないないで済むから思ったよりも簡単です。最後のオーバーラッピングではじめて英語が読めて話せるようになりますが、次の項目で説明するように読み上げアプリを活用すれば、オーバーラッピングに近い形でシャドーイングが行えます。

アプリを使ったシャドーイングで英語をきちんと読めて話せるようになる

私の英語教室では、幼児も入室1日目から中3レベルの英語教材でシャドーイングとオーバーラッピングを行い、高い効果を出しています。幼児や小学校低学年の英検合格率が抜群なのは、シャドーイングとオーバーラッピングを駆使して、早期に子どもたちが音声データなしに自力で文章を読めるようにするからです。

「私が英語を読めないから、シャドーイングができません」という人にすすめているのは、読み上げアプリです。たとえば「Voice Dream Reader」というアプリは、読みたいテキストをコピー&ペーストすると読み上げてくれます。このアプリの読み上げは、行と単語をハイライト表示するのでなぞり読みのような感覚で行えます。読み上げるスピードを調節したり、読み上げる声も数パターンから自由に選択できるようになっています。

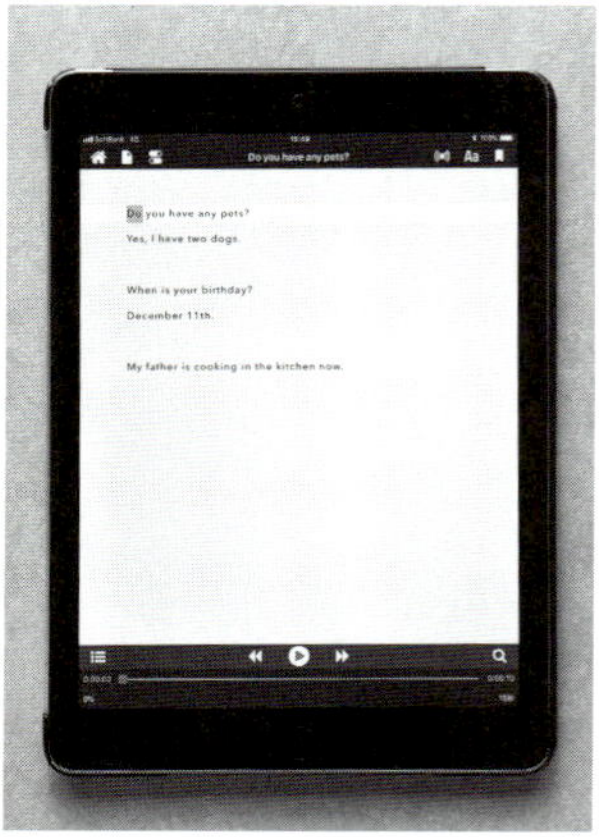

写真16　読み込んだ文章を読み上げながら、読んでいる箇所をハイライト表示してくれる。

Voice Dream Reader
¥1,800

Do you have any pets?
Yes, I have two dogs.

When is your birthday?
December 11th.

My father is cooking in the kitchen now.

インターネット上にある英文でしたら、そのまま読み込めますが、試しに上の例文をタブレットやスマホで打って、アプリに読み込んでみましょう（写真16）。

シャドーイングが必要な理由は、英語の発音には規則から外れる例外が多いからです。

たとえば、「toy（おもちゃ）」は「トイ（toi）」と読みますが、「tomb（墓）」は「トゥーム（toom）」と読みます。あるいは「buy（買う）」は「バイ（bai）」と読みますが、「bury（埋める）」は「ベリ（beri）」と発音します。この違いは文字をいくら眺めていてもダメ。

シャドーイングをしていないと違いはわからないのです。

私の英語教室でシャドーイングをしている子どもたちと学校でしか英語を習っておらず、シャドーイングをしていない普通の子どもたちの最大の差は、英語が読めるか読めないか。たとえば「Procrastination」という単語は、たとえ高校生でも学校でしか英語を習っていない場合、読めないでしょう。日頃音読で口を動かしていないため、英単語を言語として認識できておらず、英単語をまるで入試に必要な記号のようにしか捉えていないからです。

シャドーイングをしない普通の子どもは二重母音も読めません。たとえば「Program」の発音は「プログラム」ではなく「プロゥグラム」。ネイティブに「プログラム」といっても通じません。多くの日本人は音読もシャドーイングも足りず、英語が満足に読めないからコミュニケーションに苦しんでいるのです。

シャドーイングは英単語の暗記のように毎日する必要はなく、**1回2~3分、週1回程度で十分です。そして、半年ほどでやめてOK。**英語はわずか26個のアルファベットの組み合わせで成り立っていますから、半年間シャドーイングを行ったらいつの間にか発音の規則性を覚えています。

私の教室では、英語経験ゼロからスタートした幼児や小学生がシャドーイング開始後数週間から数ヵ月で、CDなどの音声データや親のヘルプなしに、自力で英文をスラスラ読んでいます。頑張ってそれ以降もシャドーイングを続けていると発音がよくなり、ネイティブの発音に徐々に近づけます。

シャドーイングの行い方は、次の動画をご参照ください。

動画「シャドーイング」

http://dirigo-edu.com/シャドーイング/

CHAPTER 4

TO DOリストでグリットとマルチタスク力を身につける

家庭教育こそＴＯＤＯリストを活用する

時間という貴重な資源は誰にとっても有限です。だからこそ、優れたビジネスパーソンには、限られた時間を有効に使うタイムマネジメントの手段として「ＴＯ ＤＯリスト」を活用している人が少なくありません。ＴＯ ＤＯリストとは、その名の通り、やるべきタスク（ＴＯ ＤＯ）をリスト化したものです。

冒頭でもハーバード生たちはみんな時間管理が上手だと述べましたが、娘のハーバード時代を振り返ってみても、ラップトップには30秒ごとに重要なメールが次から次へと来ているような状況でした。論文提出、コンペティション、オーディションなどの締め切りが毎日のようにありましたが、ＴＯ ＤＯリストで時間を管理するクセがついていたからこそ、学業も課外活動もこなせたのでしょう。

私は家庭教育でこそ、初期の段階からＴＯ ＤＯリスト作りを導入し、小さいうちから時間管理の習慣をつけさせることをおすすめします。自らのタスク管理をする方法は、学校や塾では教えてくれないのです。

TO DOリスト活用で得られる5つの効果

TO DOリストの効用は大きく5つあると思います。それは①時間管理が上手になる、②脳内整理力とマルチタスク力がつく、③達成感と自己肯定感が得られる、④「しつけ」をしなくても親の悩みが解決する、⑤子どもの個性と得意が伸ばせる、という5つです。一つひとつを順に解説してみましょう。

① 時間管理が上手になる

これはすでに述べた通りです。有限な資源である時間を有効に活用するには、タスクを見える化するTO DOリストは欠かせないアイテムです。

② 脳内整理力とマルチタスク力がつく

「あれをやらなきゃいけない」「これもやらなきゃいけない」とやるべきことが無秩序に頭のなかをグルグル回っていると、脳へのストレスになります。TO DOリストで**複数**

のタスクを見える化して、何から優先的に手をつけて片付けるべきかをはっきりさせると、脳への余計なストレスが減らせます。

ストレスフリーになった分だけ、脳の働きが活性化して新しいアイデアが湧いてくるようになります。パソコンでもデスクトップから不要なファイルを削除してフォルダを整理したら、作業が格段に効率化します。家のなかを整理整頓すると、気分が晴れ晴れして調理や家事が効率化します。それと似たような現象が脳内でも起こるのです。

③達成感と自己肯定感が得られる

ＴＯＤＯリストでは、終わったタスクは該当するチェックボックスに✓を入れたり、線を引いて消したりします。

✓を入れたり、線を引いて消したりすると、課題が一つひとつ着実に片付いていることが実感できます。それは達成感と成功体験につながります。

娘もバイオリンのコンサートに向けた課題曲の練習を行うときなどは、付箋にやるべきことを書き出して個室の壁に下げたボードに貼り出していました。その頃をいまになって「その日のレッスンを精一杯やり切った後に、付箋を剥がすのが何よりの快感だった」と振り返っています。子どものうちのこうした達成感と成功体験の日々の積み重ねこそは、やればできるという前向きな自己肯定感を涵養してくれます。

④「しつけ」をしなくても親の悩みが解決する

私にはハナから「しつけ」という発想がありません。しつけという言葉には、親が上から目線で「○○しなさい」と命令するというネガティブなイメージが強いからです。何度も触れているように「○○しなさい」は子育てのNGワード。親と子どもは別人格であり、たとえ親子でも互いの人格を尊重したいものです。最後は自分でやるかどうか。親が一方的に上から目線で何かを指図しても、根本的な問題は解決しないと私は思います。

親御さんには、子どもが「部屋を片付けない」「勉強をしない」「習い事の練習をしない」といった不満・イライラを抱える方も少なくありません。「Show, don't tell.」で親がやってみせて子どもを誘導するのがいちばん効果的ですが、**TO DOリストに「部屋を片付ける」「英単語を覚える」「ピアノの練習をする」といったタスクを書き込むことで、自らをメタ認知し、自己管理するクセが芽生えます。**自分でやるモチベーション作りにもTO DOリストは役立ちます。

⑤自分の得意と個性が伸ばせる

ハーバード生だけではなく、これからのグローバル社会を生き抜くには、他の人にはない自分らしい個性と得意を伸ばすことが求められます。お母さんやお父さんに音楽でもスポーツでもコンピュータでもこれが得意、と言えるものがあれば、それをお子さんに伝授してあげてください。

個性を活かして得意を伸ばすには、日常生活で何かに集中して打ち込む時間を作り出す必要があります。得意に磨きをかけるには、それを長い期間続けなくてはなりません。その間**一つのことをやり抜く力（グリット）を養うためにも、ＴＯ ＤＯリストは役立ちます。**

この点については本章の最後に改めて触れます。

まずは親がＴＯ ＤＯリストを活用。目標設定は子どもの実力プラス１で

共働きなのにワンオペ育児を強いられているような、厳しい環境に置かれたお母さんた

ち自身にも、限られた時間を有益に使うためにTO DOリスト作りをおすすめします。とくに就学前の家庭学習を進めるうえでは、TO DOリストが何よりの頼りとなります。そこで、私がどのようにTO DOリストを活用していたかをお話しします。

振り返ってみると、私の初めてのTO DOリストは母子手帳でした。手帳の余白がもったいなかったので「朝、散歩をする」とか「絵本を読む」といったその日にやるべきこと、やりたいことをメモしていたのです。

そのうちタスクが増えて母子手帳の余白に書き切れなくなり、新たにノートを買い求めて毎日やるべきタスクを書き出すようになり、気がついたら前の日の夜に翌日のTO DOリストを作るのが日課になっていました。

家庭学習用TO DOリスト作りの方法をご紹介しましょう。タスクのリストアップは、前日の夜にしておきます。1日1ページの手帳に書き込むのが手軽かもしれません。

たとえば、娘が2歳の頃のある日のTO DOリストは「英検4級長文3本　音階スケールカード3枚　絵本1冊　散歩1時間」といったタスクが並んでいました（次ページ参照。音階スケールカードと絵本については第5章で解説します）。

◉ TO DO リスト例

8月10日

英検4級長文３本	３本７分で読めた
音階スケールカード3枚	集中して楽しんでいたから次は4枚いけそう。
絵本1冊	「スイミー」を喜んで読んだ。
散歩1時間	坂道をゆっくり上がった。足腰の強化につながりそう。

当日はタスクが終わったらリストに線を引いて消し、リストの余白にその日一日を振り返ったコメントを書き残します。散歩については「坂道をゆっくり上がった。足腰の強化につながりそう」、音階スケールカードについては「今日は3枚で終わったけれど、集中して楽しんでいたから、この調子なら次は4枚いけるかもしれない」といった感じです。

振り返りという言葉を使うと、日本人は「反省」と捉えてダメなところをあら探しし、ネガティブなコメントを残しがちですが、ここでは**ポジティブなことだけ書くのが基本**。ネガティブなコメントしか残せないのだとしたら無理している証拠です。

ＴＯ ＤＯリストの重要なポイントは、子どもの実力を無視して親の勝手な都合で強引なスケジュールを組まないこと。

子どもの実力プラス1というのが目標設定の理想。欲張って実力プラス２にすると達成できないことが生じて、反省点ばかりになって親御さんも子どもも気持ちがブルーに沈んで楽しくなくなります。楽しくないと何事も続けられません。

かといって子どもの実力プラス０では成長曲線がプラトーになって停滞します。子どもはひと晩寝て起きたら、生まれ変わったかのように成長しているもの。実力プラス０だと、せっかくの成長の勢いに水を差すことになりかねません。

どの程度の目標設定が自分の子どものプラス１に相当するのか。すべては親御さんのさじ加減次第ですが、それがわかるのはリビング学習を日頃いちばん近くで見守っているお母さんとお父さんだからこそ。プラス２でもなくプラス０でもなく、プラス１で子どもの成長を最適な形でサポートできるのも家庭学習のメリットだと私は思います。

親が率先してやってみせれば、子どももＴＯ ＤＯリストを活用する

娘は小学校の頃からＴＯ ＤＯリストを活用していました。

娘がＴＯ ＤＯリストを使っていたのは、もちろん私が「これからＴＯ ＤＯリストを活用して時間管理をしっかりしなさい」と口頭で言って聞かせたからではありません。小学校に上がるまで私と娘はずっと一緒でした。私がＴＯ ＤＯリストを使っているのを見た娘が「面白そうだな」と興味を持ち、自分でもＴＯ ＤＯリストをつけるようになったのです。

ＴＯ ＤＯリストの課題が一つ終わるたびに線を引いて消して喜んでいる私の姿を見て、娘は楽しそうだと思ったのでしょう。興味を持ったことがわかったので、動物がＴＯ ＤＯリストで人間の真似をしている英語の絵本を一緒に読むようになり、娘は4歳から自分でＴＯ ＤＯリストを書くようになりました。絵本のネタになるほどアメリカではＴＯ ＤＯリストはポピュラーであり、可愛らしい動物のイラストをあしらった子ども向けのＴＯ

DOリスト帳が文房具店で普通に売られています。でも、日本には子ども向けのTO DOリスト帳が見当たらなかったので、娘は画用紙や好きなノートを使っていました。

娘がハーバード大学に合格できたのは、子どもの頃からTO DOリストをつける習慣を持っていたからこそ。娘はいまも活用しており、**「ハーバードで多忙な学生生活を送りつつ、学業と音楽活動を両立できたのもTO DOリストのおかげ」**と語っています。

一石二鳥！　1日のスケジュール決め＆英語表現を丸暗記 TO DOリスト・タイプ①1日編（幼児／小学生用）

ここでは、英語表記のTO DOリストを紹介します。**タスクの見える化と合わせて英語表現も覚えられて一石二鳥です。**

まずご紹介するTO DOリストは「1日用」です。生活習慣がまだ身についていない幼児と小学生を想定し、「Morning（朝）」と「Afternoon-Night（午後～夜）」という2つの時間帯に分けてタスクをリストアップしています。

リストからやるべきことを選んで画用紙やホワイトボードなどに書き写し、壁に貼ったりかけたりします。カードや大きな付箋に書いたものをボードに貼ってもいいでしょう（写真17）。

ただし、これは私が考えたタスク例にすぎません。お子さんの得意や習慣に応じて、適宜追加してください。

小さい子どもは握力と筆圧が低くて書き写すのが苦手なので、親御さんが代わりに手伝ってください。選んだタスクが習慣化され、英語表現も覚えたら、チェックボックスに✓を入れて、他のタスクと入れ替えましょう。

タスクの英語の部分を親子で一緒になぞり読み（102ページ参照）すると、英語力のアップにもつながります。幼児でもあえて漢字を使っているのは、漢字もどんどん覚えてほしいからです（第5章参照）。

162ページからタスク例をご紹介します。

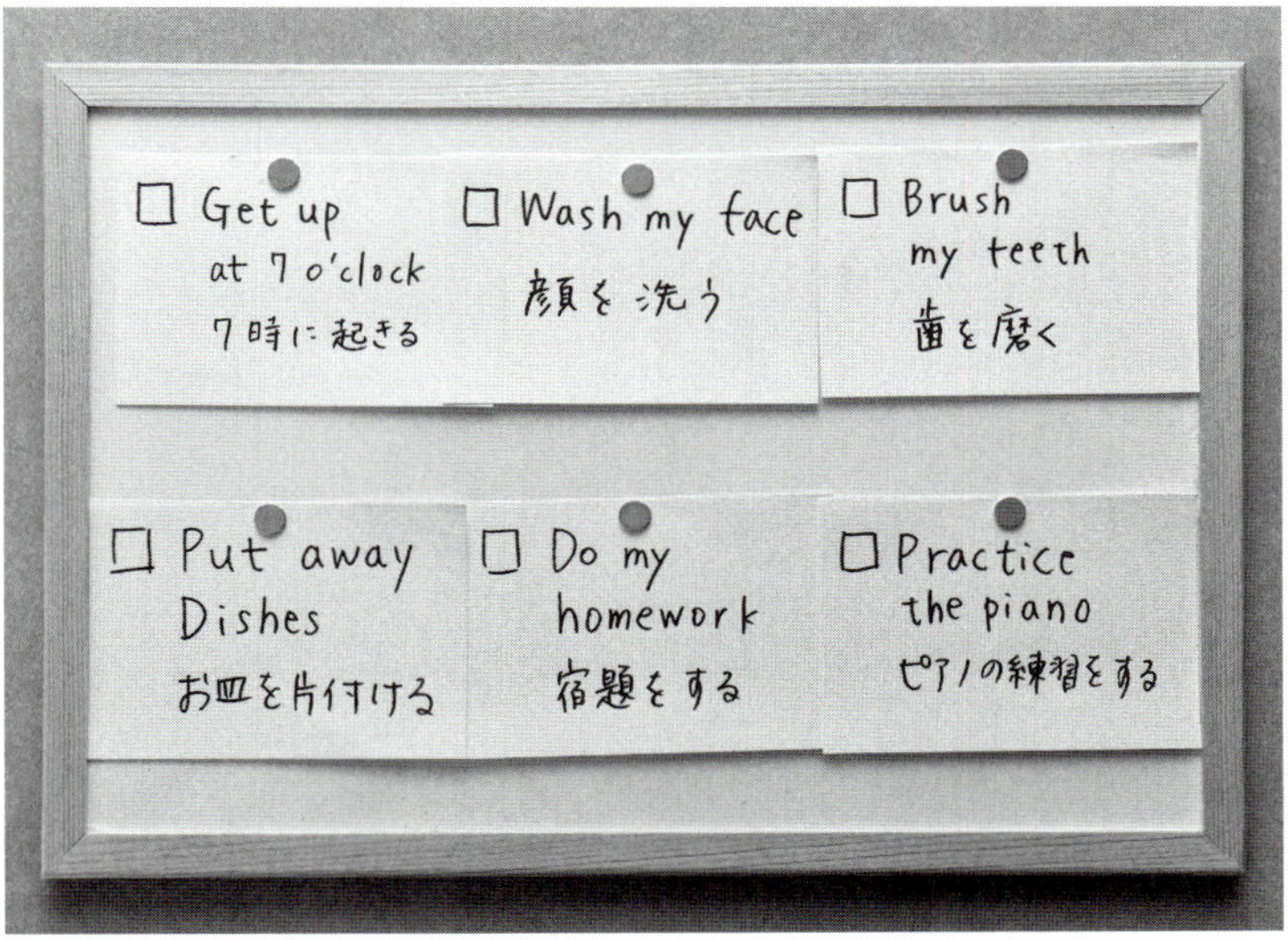

写真 17　英語と日本語でその日のタスクをリストアップ。

◉ TO DO リスト・タイプ①1日編

下記のタスク例から選んで TO DO リストに書き込みます。

幼児　Morning

- ☐ Get up at 7 o'clock　7時に起きる
- ☐ Wash my face　顔を洗う
- ☐ Brush my teeth　歯を磨く
- ☐ Get dressed　着替える
- ☐ Set the table　ごはんの用意をする
- ☐ Eat breakfast　朝ごはんを食べる
- ☐ Put away the dishes　お皿を片付ける
- ☐ Get ready for kindergarten（nursery）
  幼稚園（保育園）の準備をする
- ☐ Say good-by to Mom and Dad
  「行ってきます」を言う

幼児　Afternoon-Night

- [ ] Play outside　外で遊ぶ
- [ ] Play with friends　友だちと遊ぶ
- [ ] Play soccer　サッカーをする
- [ ] Play the piano　ピアノを弾く
- [ ] Play the violin　バイオリンを弾く
- [ ] Read a picture book　絵本を読む
- [ ] Draw a picture　絵を描く
- [ ] Put away toys　おもちゃを片付ける
- [ ] Set the table　ごはんの用意をする
- [ ] Eat dinner　夕飯を食べる
- [ ] Put away the dishes　お皿を片付ける
- [ ] Take a bath　お風呂に入る
- [ ] Brush my teeth　歯を磨く
- [ ] Put on pajamas　パジャマに着替える
- [ ] Go to bed at 8 o'clock　8時に寝る

◉ TO DO リスト・タイプ① 1 日編

下記のタスク例から選んで TO DO リストに書き込みます。

小学生　Morning

- □ Get up at 7 o'clock　7時に起きる
- □ Wash my face　顔を洗う
- □ Brush my teeth　歯を磨く
- □ Get dressed　着替える
- □ Set the table　ごはんの用意をする
- □ Eat breakfast　朝ごはんを食べる
- □ Put away dishes　お皿を片付ける
- □ Do I have my textbooks?　教科書を持つ
- □ Do I have my homework?　宿題を持つ
- □ Say good-by to Mom and Dad
「行ってきます」を言う
- □ Do I have my bus pass？　バスの定期券を持つ
- □ Do I have my handkerchief？　ハンカチを持つ

小学生　Afternoon-Night

- [ ] 外で遊ぶ　Play outside
- [ ] 友だちと遊ぶ　Play with friends
- [ ] サッカーをする　Play soccer
- [ ] 買い物に行く　Go shopping
- [ ] 犬の散歩をする　Walk the dog
- [ ] 宿題をする　Do my homework
- [ ] ピアノを弾く　Play the piano
- [ ] バイオリンを弾く　Play the violin
- [ ] 15分読書する　Read for 15 minutes
- [ ] 部屋を片付ける　Clean up my room
- [ ] 料理を手伝う　Help Mom with cooking
- [ ] 夕飯を食べる　Eat dinner
- [ ] お皿を片付ける　Put away the dishes
- [ ] お風呂に入る　Take a bath
- [ ] 歯を磨く　Brush my teeth
- [ ] パジャマに着替える　Put on pajamas
- [ ] 明日の準備をする　Get ready for tomorrow
- [ ] 9時に寝る　Go to bed at 9 o'clock

一石二鳥！　1週間をらくらく管理&英語表現を丸暗記
TO DOリスト・タイプ②1週間編（小学生／中高生用）

タイプ②は1週間用のTO DOリストです。

こちらは小学生と中高学生を想定してタスクをリストアップしたもの。お子さんの得意や習慣に応じて、適宜追加してください。

小学生でしたら、タスクの英語の部分を親子で一緒になぞり読みすると、英語力のアップにつながります。

TO DOリストを作るのは毎週日曜日。次の1週間のプランを立てておくことで、落ち着いていろいろなことに取り組めるようになります。

まずは画用紙やホワイトボード、ノートに週の始まりの日付、年度、自分の名前を英語で書き入れます（写真18）。次の例を参考にしてください。

例　Week of April 3, 2018, Momoko Suzuki

（4月3日からの週、2018年、鈴木桃子）

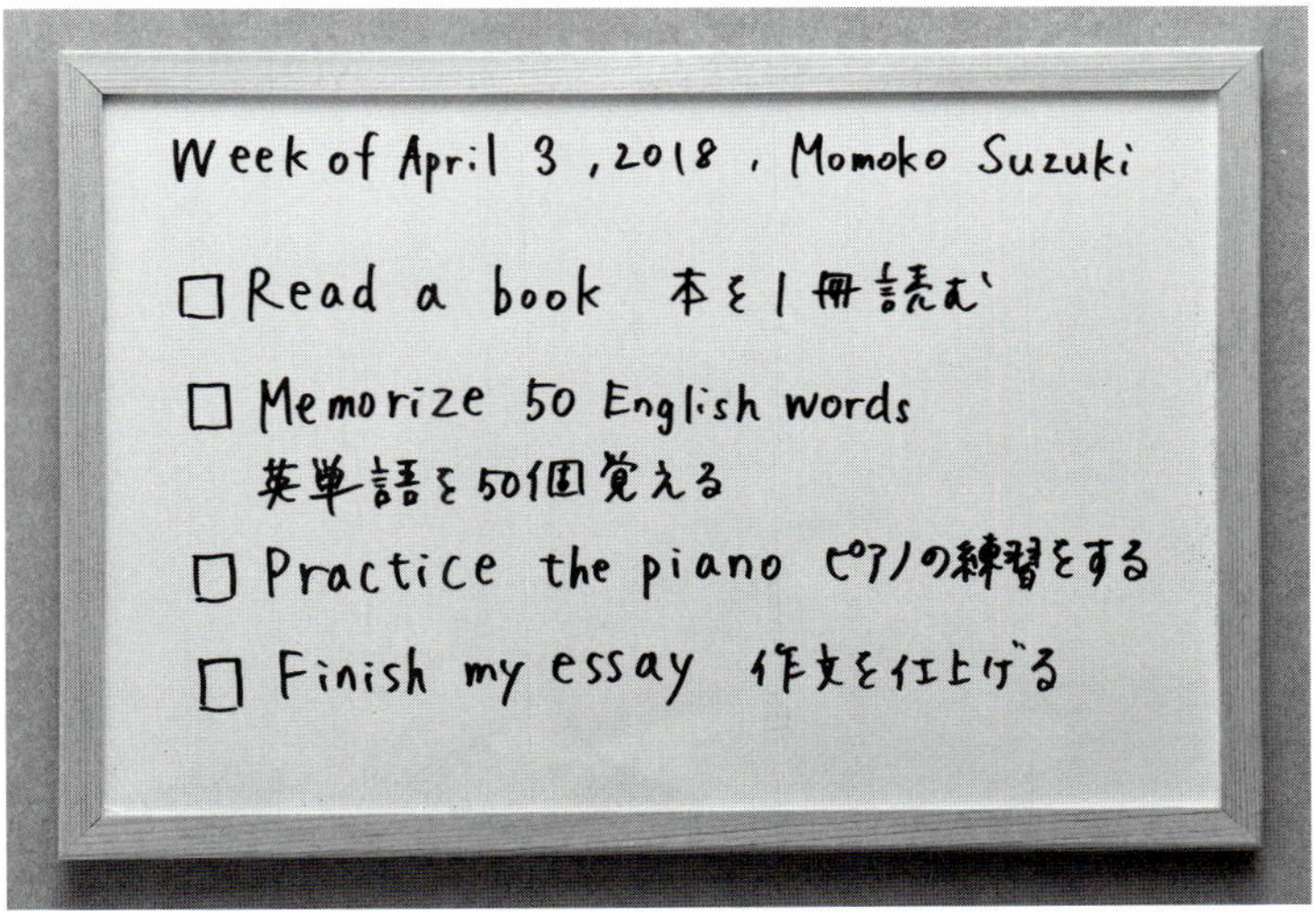

写真18　1週間のタスクを英語と日本語でリストアップ。

次にその1週間でやるべきタスクを選択肢から選び、TO DOリストに書き込みます。やり終えたら、チェックボックスに✓を入れてください。ホワイトボードだったら、タスクはカードや付箋に書いて貼り、やり終えたタスクから剥がしていくのもよいでしょう。

⊙ TO DO リスト・タイプ② 1週間編

下記のタスク例から選んで TO DO リストに書き込みます。

小学生　Weekly

- □ Swim 25 meters　25メートル泳ぐ
- □ Practice soccer for 2 hours
  サッカーを2時間練習する
- □ Score a soccer goal　サッカーでゴールを決める
- □ Practice the piano　ピアノの練習をする
- □ Practice jumping rope　なわとびを練習する
- □ Write an essay　作文を書く
- □ Finish my essay　作文を仕上げる
- □ Bake delicious cookies　おいしいクッキーを焼く
- □ Plan for summer vacation　夏休みの計画を立てる
- □ Read a book　本を1冊読む
- □ Memorize 100 English words
  英単語を 100 個覚える
- □ Make a new friend　新しい友だちをつくる
- □ Have a birthday party　お誕生日会をする
- □ Learn how to make computer program
  コンピュータのプログラミングを習う
- □ Clean up my room　自分の部屋を片付ける
- □ Pick up litter　清掃活動をする
- □ Help Mom with cooking　料理を手伝う

中高生　Weekly

- [ ] Study for exams　テスト勉強する
- [ ] Run 10 kilometers　10キロ走る
- [ ] Practice soccer for 2 hours
  サッカーを2時間練習する
- [ ] Score a soccer goal　サッカーでゴールを決める
- [ ] Win the tennis championship
  テニスの試合で優勝する
- [ ] Win the speech contest
  スピーチコンテストで優勝する
- [ ] Practice the piano　ピアノの練習をする
- [ ] Write an essay　作文を書く
- [ ] Finish my essay　作文を仕上げる
- [ ] Plan for summer vacation　夏休みの計画を立てる
- [ ] Read 50 pages　50ページ読書する
- [ ] Memorize 100 English words
  英単語を100個暗記する
- [ ] Memorize 50 kanji　漢字を50個覚える
- [ ] Learn how to make computer program
  コンピュータのプログラミングを習う
- [ ] Clean up my room　自分の部屋を片付ける
- [ ] Pick up litter　清掃活動をする

1万時間で得意を伸ばすために グリットカードを作って活用する

グローバル社会を生き抜くためには、いわゆる5教科以外の芸術やスポーツといった分野で自分の個性や得意を伸ばして、オンリーワンの人間に成長しておきたいもの。

芸術やスポーツといった分野で個性や得意を伸ばすには時間がかかります。地道な練習やトレーニングをしないで天才的な才能を示す人は存在しません（稀に存在するかもしれませんが、それは宝くじの1等が当たるくらいの確率でしょう）。逆に言うなら、練習やトレーニングを重ねれば上達しない人もいないのです。

そこで目安となるのが「1万時間の法則」。多くの研究によると、チェスプレーヤーや作曲家といった多くの分野の成功者のほとんどは、成功を収めるまでに1万時間同じことを繰り返して基礎固めをしているそうです。

1万時間は1日平均3時間なら10年間、1日平均4時間なら7年間ほど。何らかの才能に恵まれているとしても、それくらいの時間は地道に努力し続けなければ何も得意は生まれないのです。10年という時間の長さを考えると、得意を伸ばすためのアクションはできるだけ早くから始めたいもの。**得意を伸ばすための時間を作り出すために、TO DOリストで時間管理と自己管理を徹底的に行ってください。**

そのうえで必要になってくるのが、**地道な努力を続けるためのやり抜く力＝グリットとモチベーションを保つ工夫です。**

娘はバイオリンとピアノを2歳から始めて、前述のように私を真似て4歳からは自分でTO DOリストを作るようになりました。同時に作り始めたのが、バイオリンやピアノのレッスンの進捗に合わせてシールを貼る練習帳。その頃私は行きつけのアロマオイルのお店でスタンプカードにスタンプを押してもらい、1冊分貯まるとプレゼントをもらっていました。それを見て興味を持った娘が自分で作ったのです。娘はスタンプを押す代わりに、その日にやると決めたレッスンを終えたら練習帳にシールを貼っていました（次ページ写真19）。

練習帳は、夏休みのラジオ体操でスタンプが押してもらえる「出席カード」のようなもの。**練習が続いていることが見える化できるので、自己肯定感が高まり、グリットとモチベーションがアップします。**

私も途中から協力して、2〜3週間続けられたらハグして褒めるだけではなく、娘がほ

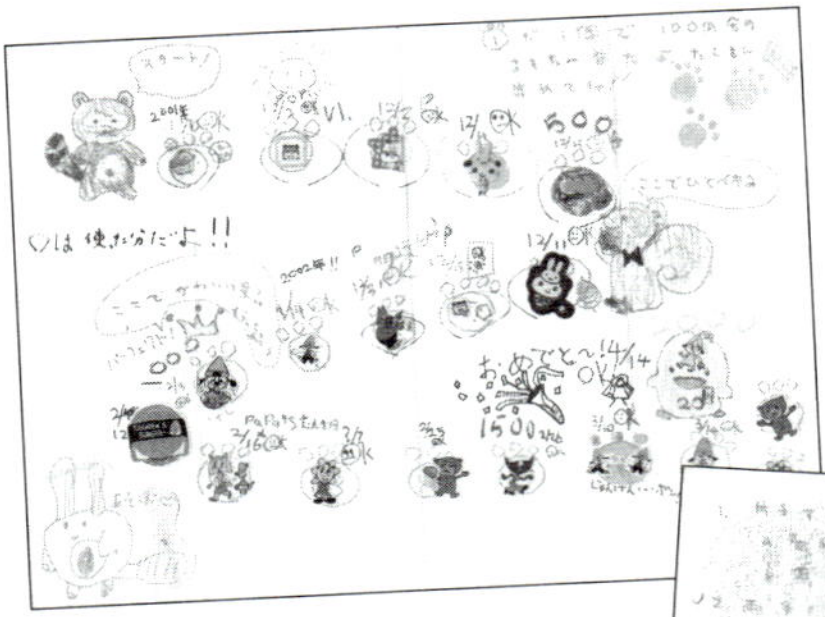

写真19　すみれが作っていたピアノ練習帳。課題曲の「1．右手で弾く　2．左手で弾く　3．両手で弾く　4．できなかったところを弾く　5．仕上げ」を終えるたびにシールを貼っていた。

しがっていた文房具やぬいぐるみといったご褒美をあげることにしました。我が家は月々のお小遣いを娘にあげていなかったので、その分をご褒美に回していたのです。

ご褒美というニンジンで釣ることに関しては賛否両論があるかもしれませんが、少なくともはじめのうちはグリットやモチベーションを保つために有効だと思います。日々の努力が習慣になれば、もはや練習帳自体が不要になります。

グリットカードの作成例もご紹介しておきます（図20）。

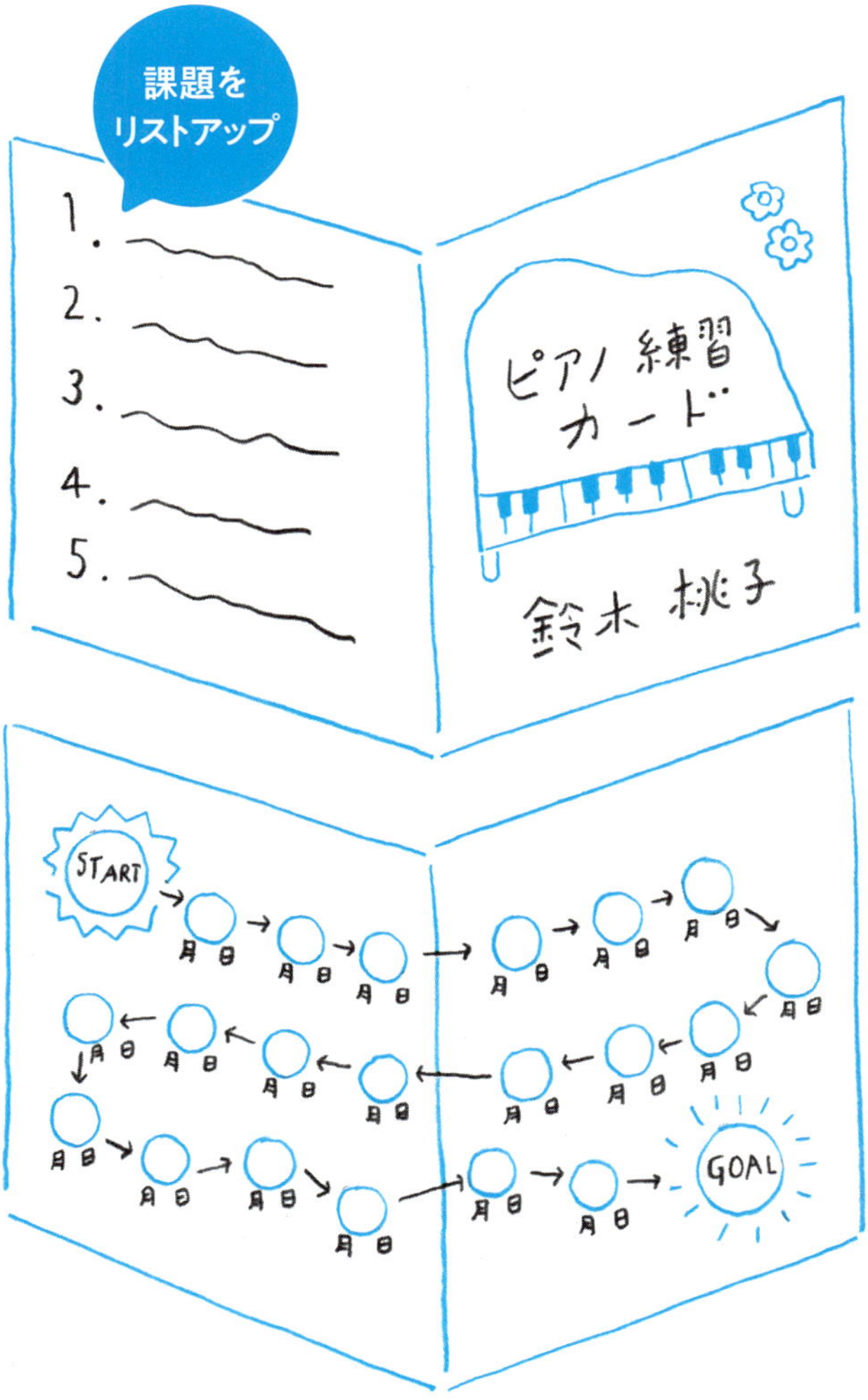

図20　表紙には名前を、裏表紙には課題を書いておく。その紙の裏を練習日を書くスペースに。課題をできた日にシールやスタンプを。

アワードになるような中・長期的目標を定め、今週するべきことを逆算するクセをつける

グリットとモチベーションを高めるために有効なのは、少し遠い未来にある中・長期的な目標を先に定めてしまうこと。中・長期的な目標はズバリ、何らかの賞がもらえるようなものにしましょう。英語でいうなら「Award（アワード）」です。海外ではScholarship（奨学金）獲得もこの目標に入ります。

前述のようにハーバード大学の入試では、課外活動の成果も評価の対象となります。これは学力を超えた創造性、個性を活かした得意、人間性、豊富な社会体験などを問うもの。リサーチや芸術、スポーツなどでは何らかのアワードを獲っていることが評価の目安です。この他、大学卒業後の就職活動や転職活動時に活用されるポートフォリオ（履歴書などに添える個人評価ツール）でもアワードの有無は評価のおもな対象となります。

アワードが重視される理由は大きく二つあると思います。

第一に、**何らかのアワードを獲得すると、子どもの自己肯定感が高まります。**自己肯定感が高いと失敗を恐れずにリスクが取れるので、新しいチャレンジにも前向きに踏み出せ

ます。第二に**アワードは、困難に負けないで何事かを突き詰めてやり抜くグリットの有無を示す良き指標となります。**

運動選手なら、日本代表に選ばれてオリンピックに出場したというのはわかりやすいアワード。サッカー選手なら、日本代表に選ばれてワールドカップに出場するのもわかりやすいアワードです。そこまでハイレベルでなくても、高校生ならインターハイ（高校総体）、大学生なら〝学生のためのオリンピック〟とも称されるユニバーシアードへの出場は立派なアワード。サッカーをやっている子どもならＪＦＡ（日本サッカー協会）のトレセン（ナショナルトレーニングセンター制度）、野球少年なら甲子園大会への出場がアワードとなります。

音楽をやっているなら、わかりやすい目標になるのは全日本学生音楽コンクール（通称学コン）です。学コンは１９４７年から続く日本有数の学生音楽コンクールであり、ピアノ、バイオリン、声楽、フルート、チェロという5つの部門と世代ごとに課題曲が決められています。学コンでの入選経験は、日本でほとんど唯一ポートフォリオに書ける音楽関連のアワードといえるでしょう。

このように中・長期的な目標が具体的に定まったら、いつまでに何をやっておくべきかという短期的な目標が見えてきます。こうして**年単位→月単位→週単位と徐々にブレイクダウンしていくと、いま何をするべきかが見えてきます。遠くに見える目標を達成するのも、「今年のタスク」→「今月のタスク」→「今週のタスク」と細かくブレイクダウンしたら、あとは「今日のタスク」を日々クリアしていくだけです。**

次の週、何をするべきかがはっきりしたら、日曜の夜にTO DOリストに落とし込みます。はじめのうちはシールやスタンプを使った練習帳を併用するのもよいでしょう。

こうして1万時間の法則で得意を身につけたら、子どもたちの一生涯の財産になります。

親御さんは子どもと並走し、最強のサポーターとしてそばで励まし続けてください。

CHAPTER 5

手作り教材で暗記脳と表現力を養う

漢字の意味をインプットするゲーム式学習法

グローバル時代だからといって、日本語をおいて英語だけに熱心に取り組むのはナンセンスです。**外国語の能力は、母国語の能力と連れ立って上達するとされています。日本語の語彙力が貧弱だったら、英語力が高まるわけがありません。**また、この先グローバル化がどんなに進むとしても、日本という国に生まれたのですから、将来日本を離れてトランスナショナルな人材として活躍するとしても、日本語力は小さい頃からしっかりつけてほしいと私は思います。

娘が0歳児のうちは市販の絵本の読み聞かせをしていましたが、1歳になった頃、私はオリジナルの漢字カードを作り始めました。英単語カード学習（96ページ参照）を始めたのと同時期です。

まずは文房具店で買ってきた画用紙をB5サイズにカットして、1枚ずつ一つの漢字を書き込みます。次に「靴」と書いたカードは玄関の靴のそば、「傘」と書いたカードは傘立てに立てかけるようにしました（図21）。

準備が完了したら、娘に「〝くつ〟を取ってきて」と頼みます。靴がどういうものかはわかっていますから、娘は玄関に靴を取りに行きます。そこに「靴」という漢字カードが置いてあったら、「あ〜、これが靴で〝くつ〟と読むのか」と子どもにもわかります。

同じように、娘に「〝かさ〟を取ってきて」と頼み、傘立てに「傘」という漢字カードが立てかけてあったら、「傘」は〝かさ〟と読み、それが何を指し示すかが暗記脳にくっきりと刻まれるのです。

このゲーム式学習法なら、まだ読み書きができない幼児でも、楽しみながら漢字が実物のリアルなイメージとともにすっと頭の中に入ってきて確実に定着します。

図21　子どもが楽しみながら漢字を覚えてくれるゲーム式学習法。

靴、傘のほかにも、鍵、鏡、薔

薇、などの画数が多い漢字は見た目が特徴的で覚えやすく、ユーモラスな形をしたものが多いので娘は大喜びでした。

こんな難しい漢字は幼児にわかるわけがない、と大人が考えてしまうのは、漢字＝書き取り、という古い学習法が身に染み付いているから。英単語学習と同じく、まずは「読む」ことを優先しましょう。読めれば語彙が増え、読書も楽しくなり、知識も飛躍的に増加します。

子どもが面白いように漢字を覚え出すオリジナル漢字カード

それでも、まだひらがなも覚えていない幼い子どもに「靴」とか「傘」のような画数の多い難しい漢字を覚えさせるのはハードルが高すぎるのではないか。そういう疑問を持つ親御さんもいるかもしれません。けれど、それは杞憂です。

そもそも、**ひらがな→カタカナ→漢字の順に覚えさせたほうがいいというのは、大人の勝手な思い込み。表意文字の漢字は、絵のように子どもの脳にインプットされやすく、子**

どもは驚くほど吸収してくれます。子どもは好奇心のかたまりです。あたかも新しいクイズやパズルを解くように、もっともっと難しい漢字が読めるようになりたいと秘かに思っているのです。

それに対してひらがなは、画数が少なくて簡単なようでいて、漢字に比べると特徴があまりになさすぎます。「ぬ」と「ね」、「て」と「つ」のように似ている文字も多く、子どもには混乱や混同を引き起こしやすいのです。

その点漢字なら、「薔薇」と「憂鬱」のように、顔立ちがまったく異なりますから、混乱も混同も起こりにくいというメリットがあります。

室内にあるモノの漢字を持ってくるゲームに慣れてきたら、英単語カードと同様、漢字の裏に絵を描いて、覚える漢字を増やします。絵を描くのが苦手な方は、インターネットの無料画像検索でサンプル画像を印刷して貼ればよいでしょう。

①漢字を見せる→②読む→③裏の絵を見せる、と繰り返すことで、子どもの暗記脳にインプットされます。①間違ってもスルーする、②子どもを試さない、のは英単語カード学習と同様です。そして、子どもが飽きる1分前にやめましょう。

たとえば幼児にどんどん覚えさせたいのはこんな漢字です（次ページ）。

◉ 漢字カード例

鞄	靴	鍵
鏡	皿	傘
椅子	本	机
扉	玄関	壁

服	箸	絵
鼻	目	髪
象	豚	顔
狐	猫	犬

漢字に学年の壁はない。読みたい漢字はどんどん読ませる

私のやり方は英語でも日本語でもリーディング（読み）が先であり、ライティング（書き）は後回し。漢字学習用のドリルは市販品が書店に色とりどりのデザインで多数並んでいますが、市販のドリルは書き取りを重視しているものが大半です。繰り返し指摘しているように、握力も筆圧も弱い小さな子どもは書き取りが苦手なのです。それは英単語でも漢字でも同じです。とくに画数の多い漢字を書こうとすると、握力と筆圧が弱い子どもにはひと苦労です

子どもに読むことしかさせていないと、書く力の発達が遅れてしまうのではないか……。そういう声を耳にすることもありますが、英単語と同じようにリーディングをして漢字をインプットしておけば、握力も筆力も強くなって書くことが得意になると、子どもたちは勝手に書くようになります。

私が市販のドリルを使いたくなかったもう一つの理由は、学年ごとに覚える漢字が区

切ってある点に違和感を覚えたから。学年ごとに覚える漢字が区切ってあるのは、文部科学省が「学年別漢字配当表」で決めているため。2020年度より実施される新学習指導要領では、小学校1年生は80字、2年生は160字、3年生は200字、4年生は202字、5年生は193字、そして6年生が191字となっています。

でも、**本来語学に学年はありません。小学校に上がる前だから、まだ難しい漢字を読ませないほうがいいというのはおかしな話。**小学3年生からたとえば三島由紀夫を読んでみたい、という子どもだっています。それなのに「三島由紀夫の小説には、中学生で習う漢字が含まれているからまだ早い」とブレーキをかけるのはあまりにナンセンスです。

私の英語教室も無学年制で運営しています。年齢や学年に関係なく、英語の実力でクラス分けをしているのです。こうすると子どもは年齢や学年といった目に見えない枠に囚われることなく自由に伸び伸びと学べるので、英語力も向上しやすいのです。

絵本を手作りするといい3つの理由があります

娘が漢字を覚えてきた3歳の頃、私は絵本を手作りし始めました。

週に一回くらい夜なべをして絵本をせっせと書いていたのは、私にとって子育ての思い出の1ページです。

書店にはいろいろな絵本が並べられていて数々の名作もありますが、それとは別にわざわざ手作りしたのには、大きく3つの理由があります。

理由① 漢字が使われている文章に触れさせられる

絵本をあえて手作りしていた第一の理由は、市販の絵本はひらがなだけで書かれているからです。ひらがなばかりの文章というのは、どう考えても日本語として不自然です。

「2歳や3歳の子どもに漢字なんてムリ」という方、ちょっと待ってください。それはあなたが3歳のときのことで、あなたの子どもはあなたではないのです。面白い形をした字に、むしろ興味津々で食いつくかもしれません。

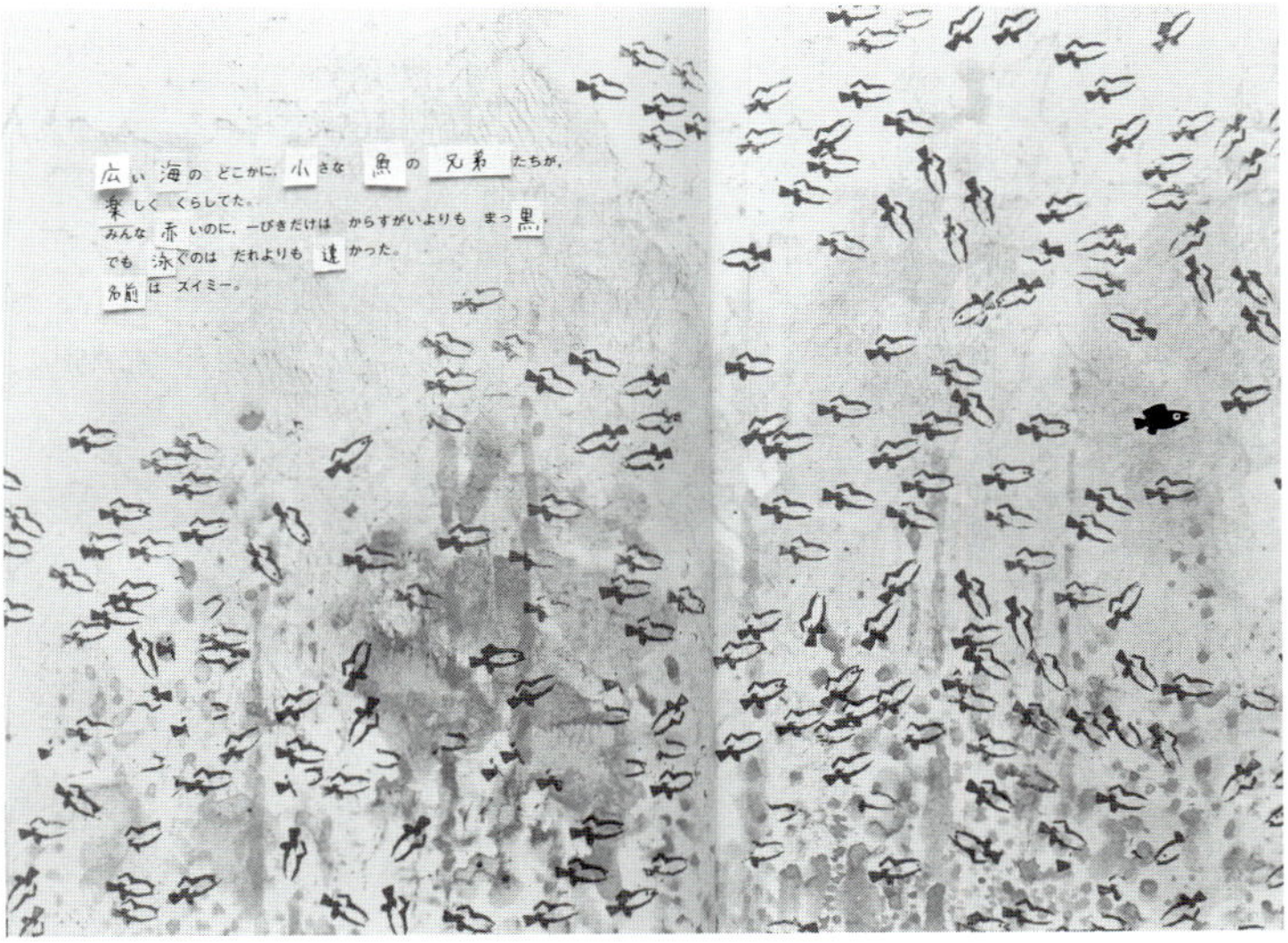

写真22　絵本『スイミー』のひらがなに漢字を貼った例。

漢字練習帳などを使うといかにもお勉強っぽくなり、子どもが漢字に苦手意識を持つ危険もありますが、絵本に混ぜておくことで、子どもが好きなストーリーを追いながら、自然に漢字を脳にインプットすることができます。

実際に絵本の手作りを始める前の娘が2歳の頃、まずは、市販の絵本のひらがなの上から漢字を書いた紙を貼りつけて読ませることもしました。漢字を書いた紙をセロハンテープで貼ってあるので、めくるとひらがなの読みがわかります（写真22）。

この方法は、イチから手作りする必要がないのでおすすめです。

理由② 登場人物を自由に設定できる

絵本をお母さんかお父さんが手作りすれば、登場人物もストーリーも自由に決められます（後述するように、それにはごくごく簡単なルールがあります）。

子ども本人、お母さんやお父さん、そして子どもがお気に入りのぬいぐるみやペットなどを登場させると、子どもは夢中になって絵本を読んでくれます。

理由③ 子どもをつねに見守っているというメッセージを伝えられる

繰り返し触れているように、私は子どもへの最高レベルの愛情表現は次の2つだと信じています。

1 Unconditional Love（どんなときでも、何があってもあなたの味方です）
2 Full Attention（いつもあなたを見守っているから、安心してください）

ストーリーがオリジナルで組み立てられる絵本なら、この2つの愛情表現を子どもたちに自然な形で伝えられます。ストーリーの骨子は、主人公である子ども本人がお母さんかお父さんと遊びに出かけ、楽しい経験をしてうちに戻ってくるというもの。それは前述の2つの愛情表現にほかなりません。

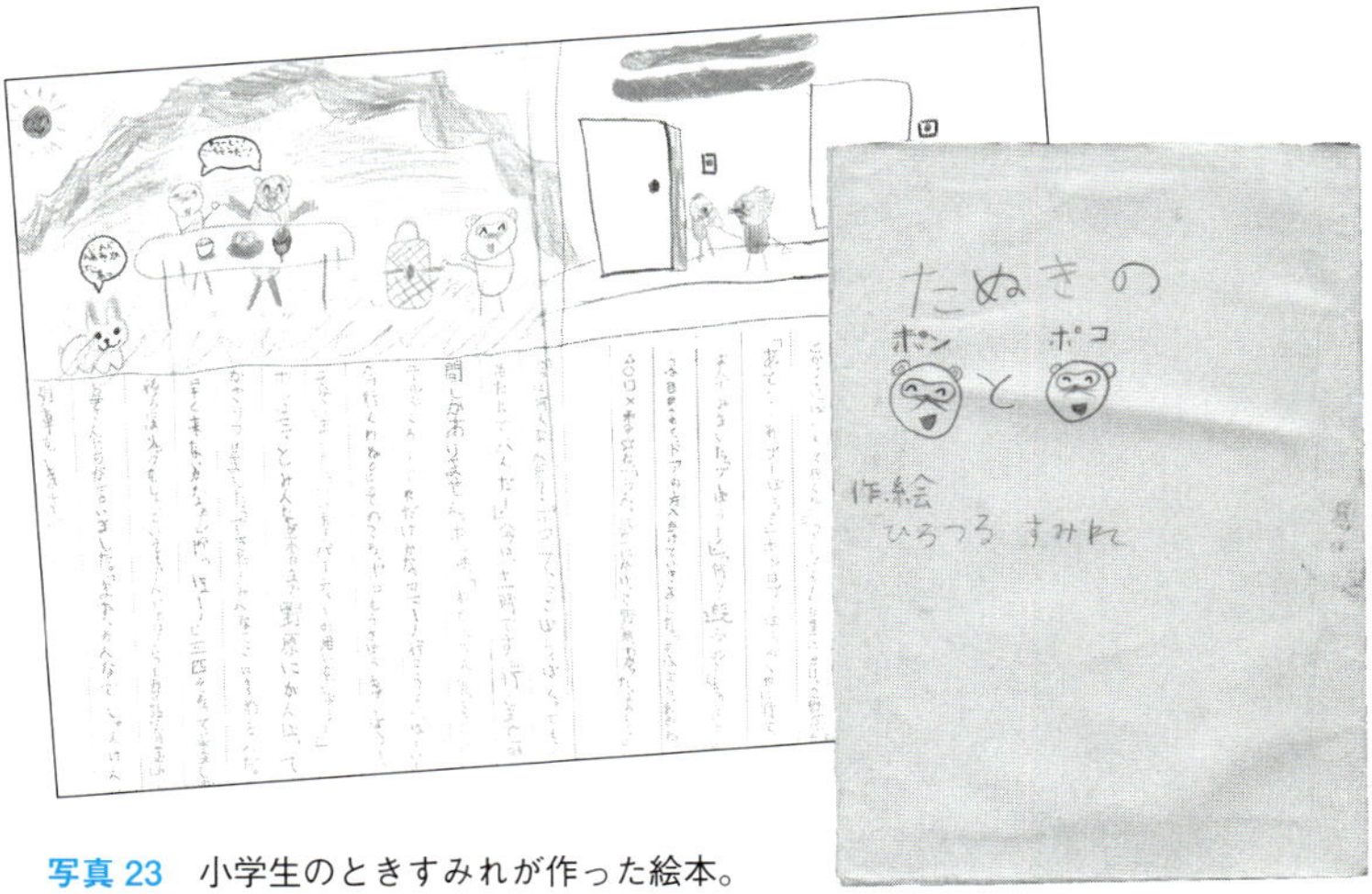

写真23　小学生のときすみれが作った絵本。

私は、**どんな絵本を作るときも「主人公が無事にお家に帰ってくる」というエンディングにしていましたが、それは娘に「お家では私は絶対に守られている」という安心感を抱いて読み終えてほしかったから。**

私が作っていたからか、娘も5歳くらいになると自分で絵本を作るようになりました（写真23）。その内容も、私が得意としていたストーリーのように、主人公がお母さんやお友だちと出かけ、楽しい冒険をしてうちに戻って眠るという展開になっていました。それを読んだとき、私の愛情表現はきちんと伝わっていると感じて嬉しくなったのを覚えています。

手作り絵本も準備が10割。簡単な作り方を教えます

「絵本なんて作ったことがないから上手に描けないかもしれない」と不安にならなくても大丈夫。私も初体験でした。絵本コンクールに応募するのではないのですから、構えないで気軽にトライしてください。やっているうちに誰でも少しずつ上手くなります。

夜なべをして子どものために作った絵本は、家族が共有した時間を封じ込めたかけがえのない宝物になります。絵本の手作りが求められるのはわずか2〜3年間のことですから、その間は少しだけ頑張ってみましょう。

絵本を手作りするための手順を5つにまとめてみました。

手順① 材料を準備する

絵本作りに必要なのは画用紙と色鉛筆だけ。

画用紙は2枚を二つ折りにして重ねると、表紙1ページ+正味6ページ+裏表紙1ページという全8ページの絵本になります。バラけないように、真ん中をステープラーなどで

留めて簡単に製本してください（図24）。

「絵が下手だから、グラフィックデザインソフトでキレイに描こう」なんて思わないこと。お母さんかお父さんがその道に詳しい達人なら話は別ですが、そうではない素人が張り切りすぎてデザインソフトを駆使して絵本を作ろうとすると、大変すぎて嫌になります。

　絵が下手かどうかなんて子どもには関係ありません。デザインソフトで作られた絵やイラストが世の中に氾濫している時代だからこそ、多少下手でも手書きの方がお母さんやお父さんの愛情が感じられるので子どもの心に響きます。

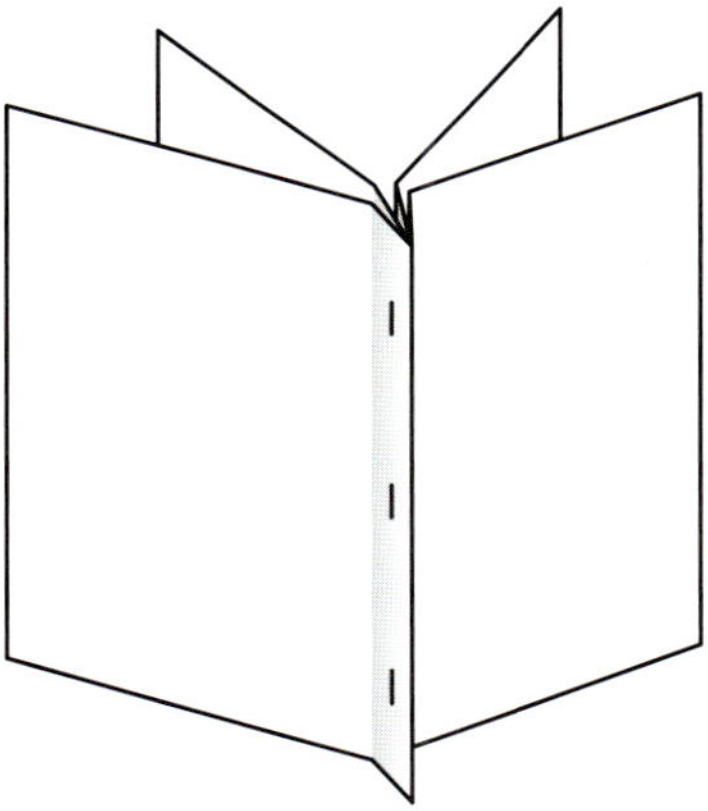

図24　画用紙２枚で表紙＋６ページの絵本ができる。

手順② 登場人物を決める

　私の経験からすると、登場人物（キャラクター）を決めたら、絵本の8割はもはや完成したようなものです。前述のように、読み手である子どもが夢中になれるように、**お子さん本人、お母さんかお父さん、本人が大事にしているぬいぐる**

みやペット、お友だちなどを登場人物にするとよいでしょう。

娘は一人っ子でしたが、兄弟姉妹がいても1冊の登場人物は本人だけにするのがおすすめ。「これはあなただけの絵本よ」というメッセージが伝わります。

手順③ ストーリーを決める

絵本のストーリーは、子どもたちが大好きなおとぎ話のようなストーリー。ストーリーには次の4つの要素があります。133ページでもお話ししましたが、おさらいしてみましょう。

◉ 絵本のストーリーを構成する4つの要素

① **イントロダクション**：つかみ
② **ライジング・アクション**：クライマックスに向かうお話の盛り上がり。
③ **クライマックス**：お話のメインテーマとなるもの。
④ **フォーリング・アクション**：クライマックスからエンディングへ向かう。

シンプルな手作り絵本のストーリーとしておすすめしたいのは、**主人公たちが家を出て、**

愉快な体験&冒険をして無事に家に戻ってくるというもの。

イントロダクションを終えたら、主人公たちが家を出るまでがライジング・アクション。クライマックスはその絵本のメインテーマとなる体験や冒険であり、それを終えて家に戻ってくるまでがフォーリング・アクションです。

「シンデレラ」でいうと、美人のシンデレラがいじわるな義母や姉たちに痛めつけられている冒頭シーン。話の中心として動く主人公や脇で支える役が登場するのが①のイントロダクション（つかみ）。

お城でパーティが開かれてシンデレラが靴を忘れて帰るドキドキはらはらシーンが②のライジング・アクション（盛り上がり）。

シンデレラに一目惚れした王子様が靴を履かせて、シンデレラの足にぴったりくるのが③のクライマックス（メインテーマ）。

最後に2人が結婚してハッピーエンド、が④のフォーリング・アクション（エンディング）。こうして童話や絵本のストーリーを分析すると、とてもわかりやすいですね。

手作り絵本のストーリー例

具体的に私が娘に作った6ページの絵本のストーリーを公開します（196ページ参照）。読んでいただけたら「こんな簡単でいいのか！」と肩の力が抜けるはずです。

話に出てくるレエブとは、娘が大切にしていた豚のぬいぐるみ。東京・青山で買ったので青山生まれ、青山育ちという設定です。ヒヨコのバスタオルはその頃の娘の愛用品で、後半に出てくる猫のトラは近所に住んでいたトラ柄の猫です。

このように子どもの現実をストーリーに落とし込んでやると、「自分のためだけのお話」と感じて、大喜びで読み出します。タイトルに「Ⅲ」と入っているのは、娘に受けたのでシリーズ化したためです。

読むとわかるように、レエブの住む青山の気温が上がり、レエブは暑くてたまらないというのがイントロダクション。それから水着や浮き輪、冷たい飲み物、ヒヨコのバスタオルを持って海へ向かうのがクライマックスへの導入であるライジング・アクションです。

クライマックスは、猫のトラ君とビーチバレーをして、3対1で勝ち、次に海中探検で色とりどりの魚などに出会ったこと。そしてお母さんの膝の上でぐっすり眠り、魚になった夢を見ているのがフォーリング・アクションに相当しています。

「読み聞かせ派」ではなく「読んでもらう派」

読み聞かせは、語彙力、理解力、表現力を育てる効果があるとされています。私もはじめのうちは絵本を娘に読み聞かせていました。でも、私はいつまでも読み聞かせをするのは反対。「読み聞かせ派」ではなく、子どもに「読んでもらう派」なのです。

子どもが自分で絵本を読むと、英語の音読と同じように（102ページ参照）、文章を目で見て声に出して読み、それを聞くお母さんやお父さんだけではなく、ほかならぬ自分自身の耳でも聞くことになります。

P２：そこでレエブとママは、海に行くことになりました。水着や浮き輪、冷たい飲み物、それから大好きなヒヨコのバスタオルを持ちました。

P３：「わあ～い、海だ！」 レエブは大喜び。すぐに砂浜に飛び出していきました。

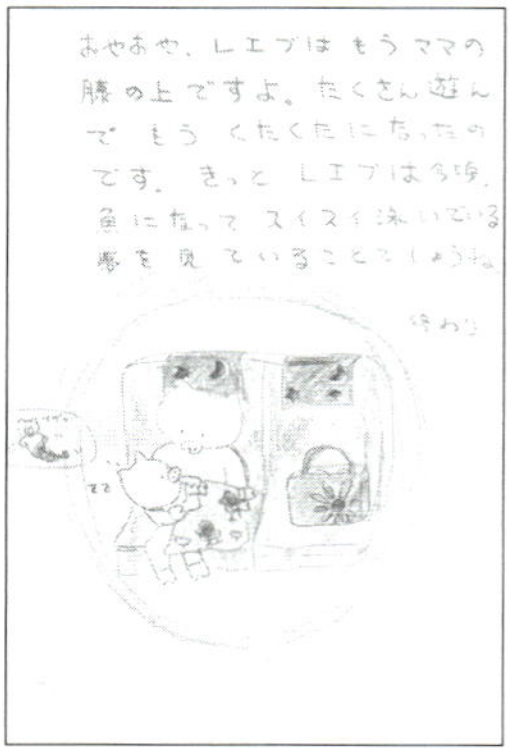

P６：おやおや、レエブはもうママの膝の上ですよ。たくさん遊んでもうくたくたになったのです。きっとレエブは今頃、魚になってスイスイ泳いでいる夢を見ていることでしょうね。終わり

レエブ はじめて海に行くの巻 Ⅲ

表紙：レエブ はじめて海に行くの巻 Ⅲ

P 1：夏です。レエブの住む青山は気温が35度に上がりました。レエブは暑くて暑くてたまりません。

P 4：お友達の猫のトラ君が泳いでいました。二匹はビーチバレーをすることにしました。勝ったら、賞品はおもちゃの電車です。3対1でレエブが勝ちました。

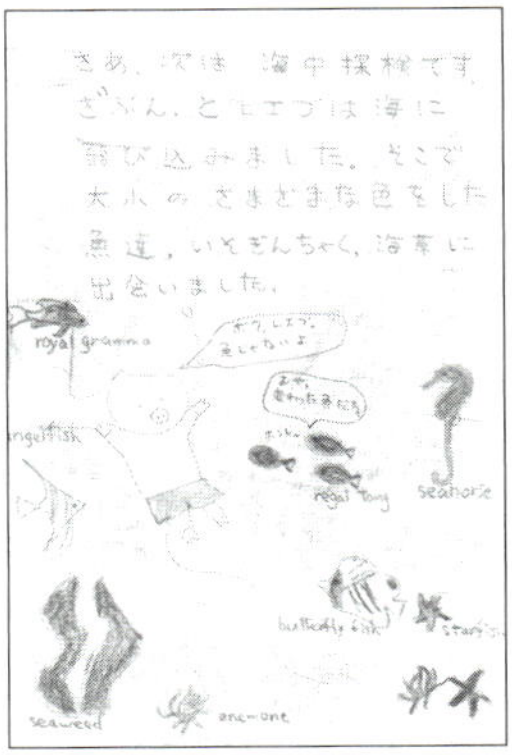

P 5：さあ、次は海中探検です。ざぶん、とレエブは海に飛び込みました。そこで大小のさまざまな色をした魚達、いそぎんちゃく、海草に出会いました。

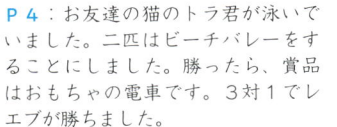

英語でいうなら、**自分で絵本を読んでいるだけで、リーディング、スピーキング、リスニングという3つの技能を駆使するのです。**それにより語彙力、理解力、表現力が飛躍的に高まります。お母さんやお父さんが読み聞かせをしてあげても、子どもは受け身でヒアリングをしているだけですから、できるだけ早い段階に「読み聞かせ派」から、子どもに「読んでもらう派」へ脱皮するべきではないでしょうか。

家庭で読み聞かせをする習慣があると、子どもに読書の習慣がつくようになるといわれています。もしも早くから子どもが自分で読むようになったら、「読み聞かせ派」よりもさらに早く確実に読書の習慣がつくでしょう。

私は娘が市販の日本語や英語の絵本を読む時、ＩＣレコーダーやカセットテープに録音していました。ママに自分の好きな絵本を聞いてほしかった娘は、2歳の時に「こぐまちゃんシリーズ」（わかやまけん作　こぐま社）、「ぐりとぐらシリーズ」（中川李枝子・山脇百合子作　福音館書店）、「いやだいやだの絵本シリーズ」（せなけいこ作　福音館書店）などを私に読み聞かせてくれていました。

はじめのうちは、たとえば、「レエブは……ママ……と……海にいく……ことになりました」と途切れ途切れだったのが、1ヵ月くらい経つと「レエブはママと海に行くことになりました」と感情たっぷりに続けて読めるようになり、娘の成長を肌で感じて嬉しかったのを覚えています。

読んでいる途中で子どもがつっかえたり、間違ったりしても、「そこは××じゃなくて、○○でしょ!」と余計な口出しは一切無用です。子どものいちばん近くに寄り添ったら、ただ満面の笑顔でニコニコしながら黙って聞いてあげればいいのです。子どもが絵本を読み終えたら、ハグして「とても上手に読んでくれたから、レエブが海で本当に楽しそうな様子がわかったよ。ありがとう!」などと褒めてあげましょう。

大好きなお母さんやお父さんに褒められたら、子どもはもっと絵本が読みたくなります。それがいつの間にか語彙力、理解力、表現力の向上に結びつくのです。

もちろん、この絵本も「さあ、読んでみましょう」とtellして読んでもらうのではありません。マルタ・アルゲリッチ方式で、ある日、テーブルの上に見たことのない手作り絵本が置いてあったら、お子さんは「うわあ! 何これ!」と、喜んで読んでくれるに違いありません。

音楽はグローバル力を高め、知能の発達を助けてくれる

お子さんの習い事に、ピアノ、バイオリンなどの音楽を選ぶ親御さんは多いと思います。実際、私もすみれに2歳からバイオリン、5歳からピアノを習わせました。

音楽には言葉の壁も国境もありません。バイオリンでもピアノでも、何か楽器が弾けると自分の得意ができるだけではなく、音楽を通して国内外の多様な人々と様々なコミュニケーションを交わせます。音楽仲間とコンサートを企画したり、チャリティーを行ったりするプロセスでは、チームワークやリーダーシップも身につきます。**音楽を介すると、グローバル社会で活躍する力がいつの間にか身につくのです。**

もちろん楽器を弾きこなせるようになるまでには粘り強い練習が不可欠。それは何事もとことんやり抜く力であるグリットを高めてくれます。楽器の練習で培ったグリットは、英語など他の分野の学びを手助けしてくれるに違いありません。

音楽レッスンは知能によい影響を与えるという報告もあります。

知能が高いから楽器が弾けるのか、それとも楽器が弾けるから知能が高いのか。鶏が先か卵が先かの論争が長い間続いていましたが、近年では音楽レッスンが知能を高めるという報告が相次いでいます。

就学前の子ども48名を対象としたトロント大学のシルベイン・モレノ准教授の研究では、わずか20日間の音楽レッスンが子どもたちの知能を高めるとわかったそうです。ちなみにハーバード生の6割以上は一つ以上の楽器を流麗に弾きこなします。

手作りのスケールカードで、相対音感と譜読能力を高める

音楽レッスンは、さすがに家庭教育で行うのはムリ。その道のプロに外注するのが正解ですが、プロに外注する前に家庭教育でできることがあります。それは相対音感と譜読能力を高めるレッスンです。

相対音感とは、基準となる音から音の高さを判別する能力。基準音がなくても音の高さがわかる絶対音感には先天的な要素に左右される部分が多いようですが、**相対音感は早期**

からレッスンすれば後天的に高められます。譜読能力とは、楽譜を読んで音をイメージし、歌や楽器で正確に演奏する能力。こうした音楽レッスンの基礎をソルフェージュといいます。音符と音を一致させるのがソルフェージュの狙いです。

ところが残念ながら、ソルフェージュの教育システムも英単語と同じように「4歳くらいからしか譜面は読めない」という根拠のない思い込みで構築されています。でも、それは教える側の身勝手な理屈であり、本来は言語にも音楽にも年齢制限はありません。子どもはまっさらなカンバスのようなものですから、年齢制限を気にせずに進んで難しいことを教えるとみるみる成長します。地元大分では4歳からしかソルフェージュ教室に入れなかったので、我が家では娘が0歳児のうちから母娘二人でレッスンをしていました。

ソルフェージュ用のテキストは多数市販されていますが、私はよりわかりやすいように手作りしました。なかでも力を入れたのはスケールカード。スケールとは、1オクターブ内に並べた音の集まり。いちばんメジャーなスケールは、いわゆる「ドレミファソラシド」で、これが24種類あります。

そこで、A4サイズほどのサイズの五線譜に、スケール24種類を1枚ずつ書いてカード化したのです（204ページ参照）。

五線譜に音符が並んでいるカードを見せ、ピアノでドレミファソラシドと弾いたら、カードを裏返して裏に書いてある「ハ長調」という文字を見せて「ハチョウチョウ」と読みます。次はソレシドレミファソと弾いて、裏返して「ト長調」という文字を見せて「トチョウチョウ」と読みます。ピアノが弾けなくても、あるいは家庭にピアノがなくても、今どきはネットやアプリでスケールは手軽に再生できます。

スケールカードの表記ははじめのうちは「ハ長調」のように日本語でしたが、4歳以降はカードの裏側にドイツ語と英語を書いて覚えさせました。譜面は英語かドイツ語で書かれているからです。「ハ長調」なら英語で「C major」、ドイツ語で「C dur」です。

家庭学習は説明なしにいきなり始めて、飽きる1分前にやめるのが鉄則です。スケールカード学習も同じ。1日に読めるのは3～4枚で所要時間は2～3分ほど。最初は子どもには何のことかわからなくても、3ヵ月くらい続けていると暗記脳にインプットされて、相対音感が磨かれたようで、譜面が全部読めるようになりました。

娘は1歳になる前からこのスケールカードで練習していたので、2歳でバイオリンを始めたときにすでに一人で譜面を読んで弾けるようになっていました。

⦿ スケールカード例

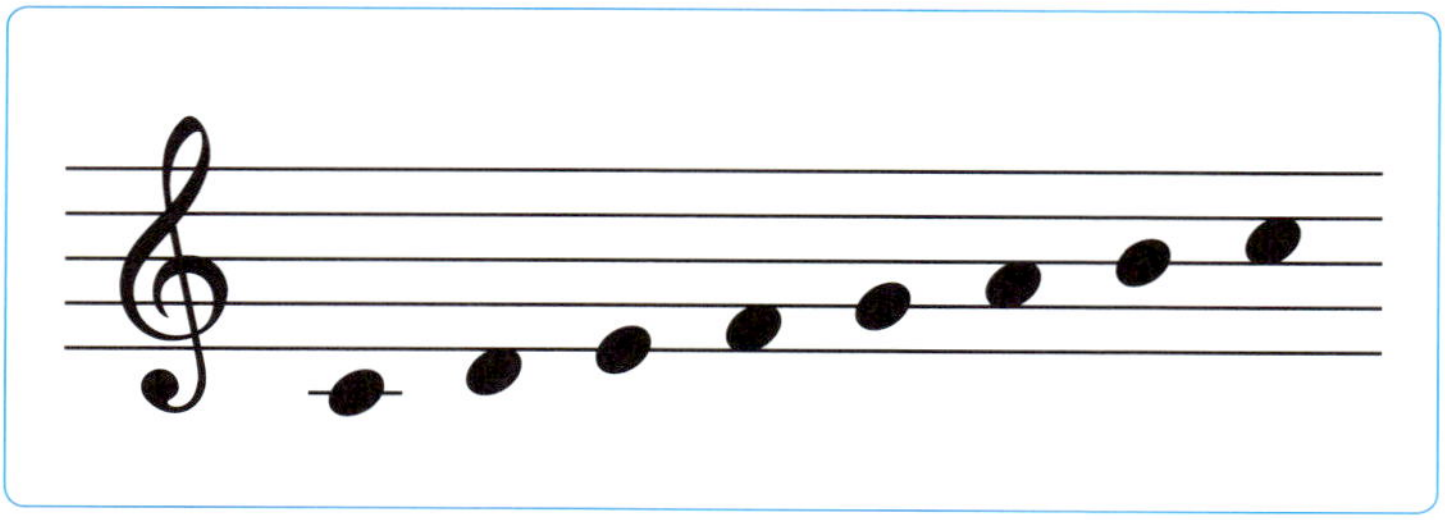

ハ長調

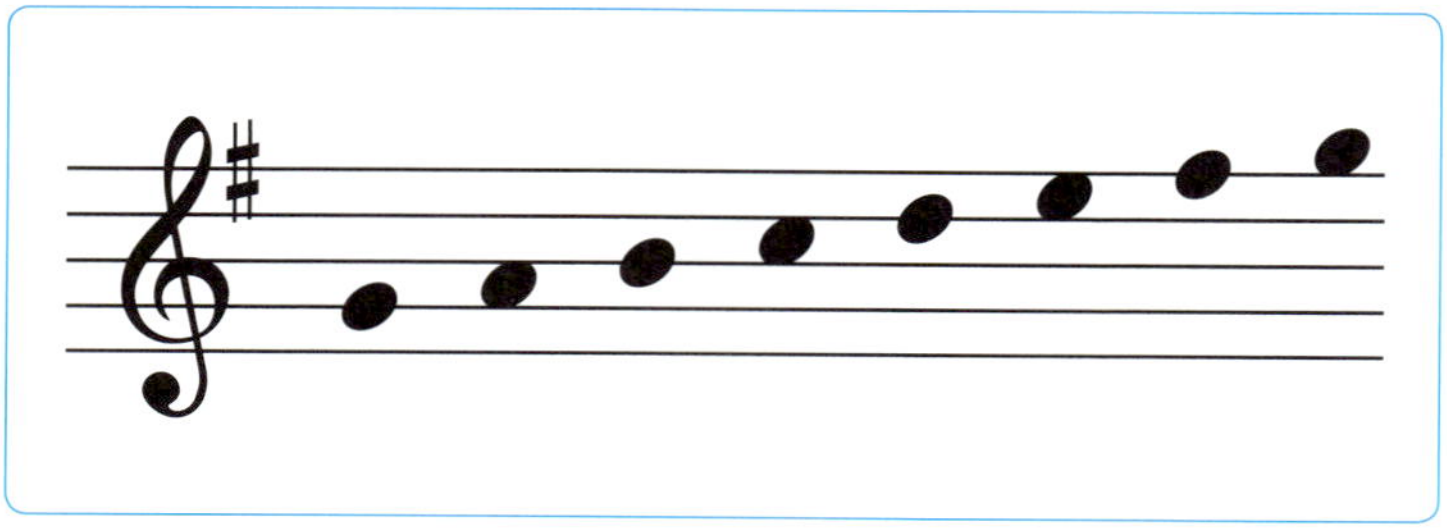

ト長調

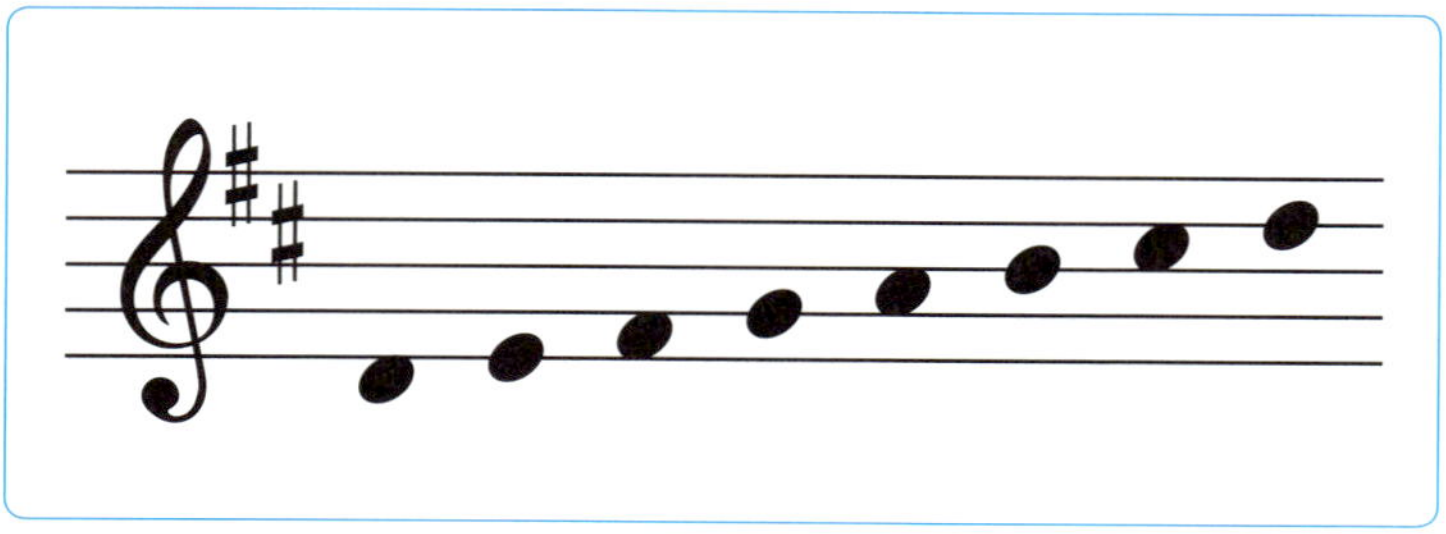

ニ長調

イ長調

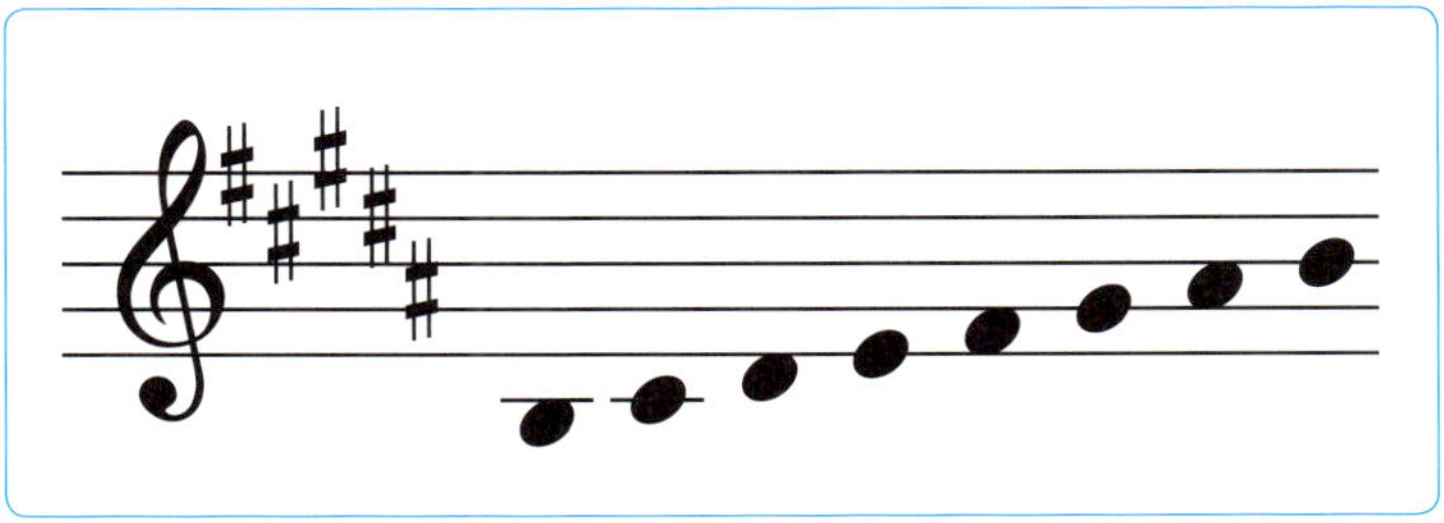

ロ長調

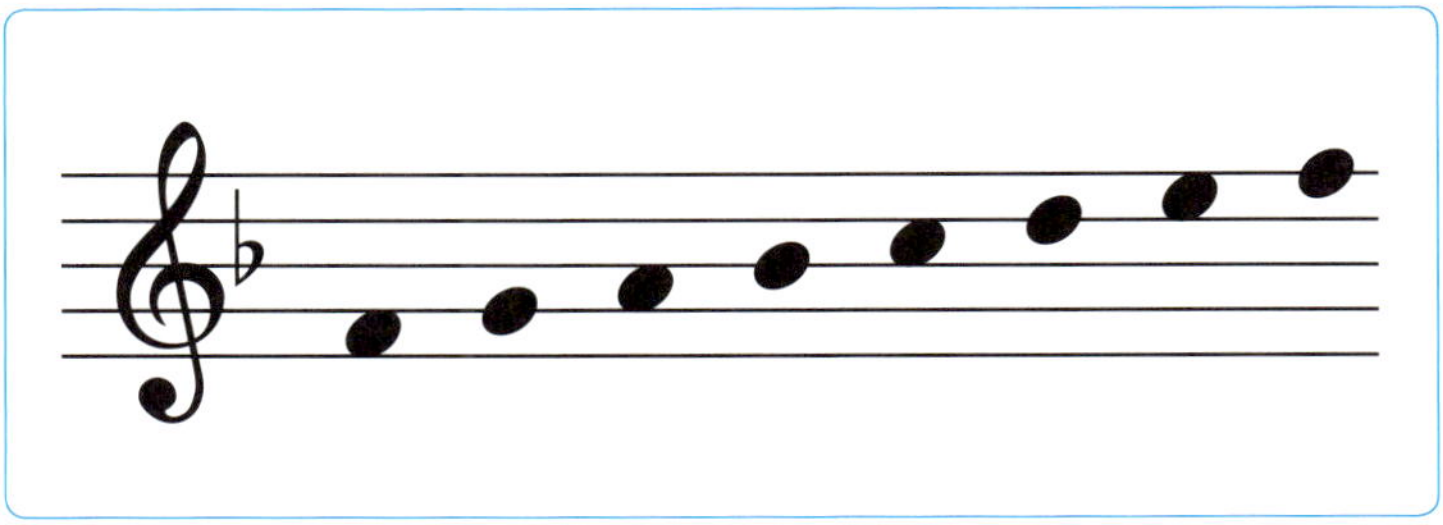

ヘ長調

音楽を始めるときもロケット噴射でできるだけ高いところへ早めに押し上げることが肝心です。プロに外注する前に家庭学習で基礎的な力を身につけていると、早くから難しい曲がこなせるようになって成長が早まります。

CHAPTER 6

ホームパーティで
コミュニケーション力を磨き
オープンマインドな子を育てる

リビングを子どもが自然にやって来たくなるオープンな空間にする

子どもにオープンマインドなコミュニケーション力を身につけてほしければ、親もオープンマインドでありたいもの。「Show, don't tell.」です。**日頃からリビングに多くの友人や知人が集う楽しげな空気があれば、子どもは「何だか楽しそう」と感じて、個室よりもリビングやＬＤＫに居着くようになります。**そのためにリビングやＬＤＫをいつでも人が集える社交的な空間にしておきましょう。

私は自宅を「マイホーム」と称するのに反対です。住まいを家族だけで使うのはもったいないと思うからです。とくに住居費が高い日本ではなおさら。空間をシェアして、気の置けない知人たちがオープンに集える場所にしてみてはどうでしょうか。

というのも、私は「学ぶ場所」というのは、必ずしも勉強部屋に限定されないと思っているからです。街だって勉強部屋。その続きにリビングがあるようなイメージを持っています。

街の美術館や博物館、カフェやレストラン、公園や図書館だって私にとっては自宅のリビングルームの延長線上です。街に人が集って知識や情報をかわし、シェアすることで、世の中は明るく活性化します。同様に、自宅のリビングを街のミーティングスポットのようなつもりで活用することをおすすめします。

大分市にあるけっして広くはない我が家のリビングには、娘が幼い頃には多いときで1週間にのべ100人ほどの友人や知人がやって来ていました。そこには仕事関係の人もいれば、仕事を介して友人になった人もいます。知人のそのまた友人が、日本国内外を問わずやって来ては、あれこれと会話していました。

日本人の英語下手の理由の一つに、実際英語を使っている場面に出くわしたことがないので、単なる学校の1教科としての英語のイメージしかないことが挙げられます。

私の英語教室に体験レッスンにやって来る生徒さんの中にも、「英語で話したり、ディスカッションしたりする前に高校入試対策英語をやりなさい」と塾や学校の先生から言われて受講をあきらめる子がいます。また、幼児や小学生が英検3級や準2級レベルというのも、素晴らしいと考えるより「英語が読めても、本当はわかっていないんでしょ」と言われることも多々あるそうです。

「高等な入試英語」あるいは、英語だけの「本当にわかる」というレベルがあるかのような発言は、英語を何か「ものすごい言語」として神格化しているなんだかギャグのようなシチュエーションです。

けれど、英語はけっして特殊な難しい言語ではなく、日常生活に使われる「生きた言葉」です。それを子どもに実感させるには、普段生活を送っている自宅のリビングで、英語も含めて様々な言語が当たり前のように飛び交うさまに触れるのが一番です。

リビングでのホームパーティでオープンなマインドと感性を育てる

リビングをオープンスペースにしていた我が家では、娘が小さい頃から休日の夕方などに月1回くらいのペースで、20人規模のホームパーティを開いてきました。

やって来るのは友人や知人のなかでも、趣味や波長が合う人たち。国籍はバラバラ。海外からもよく訪れてくれる人がいたり、友人が連れてくるので私にとっては初対面、という方もしばしばでした。いわゆるママ友はほとんどいません。家がご近所だったり、子どもが同じ学校に通っていたりといった理由だけで、趣味や波長が合うとは限らないからです。

ホームパーティは、大人たちが楽しくワインを飲む口実にしていた部分もありますが、娘をオープンマインドに育てたいという気持ちもあり、娘も3歳から小学6年生くらいまで参加していました。


なぜホームパーティでオープンマインドな子どもが育つのでしょうか。

子どもは普通、同じ学年の子どもたちとしか触れ合う機会がありません。大人も親、先生、習いごとの先生という3種類程度しか知りません。大人が想像する以上に子どもたちの世界は狭いのです。

でも、ホームパーティには普段は子どもが触れ合わないような大人たちが大勢やってきます。そこにはIT企業を立ち上げた経営者もいれば、建築設計士もいれば、美容師もいます。そして外国人もいます。彼らが連れてくる子どもたちには、学年が違う子どもも混じっています。こうした背景の異なる人たちとリラックスした雰囲気で会話をしているうちに、いつの間にかオープンマインドに育っていくのです。

ただし、そもそも親が緊張して「これを言っちゃいけない」というような雰囲気では、空間は開かれません。**普段から「間違ってもOK」「何をしてもOK」というリラックス感、**

ユーモア感覚があってこそ、オープンマインドなホームパーティは成立するのです。

ホームパーティは娘のちょっとした発表会でもありました。小学校に上がる前から、私のピアノの伴奏でバイオリンを演奏していたのです。

見知らぬ大人たちを前に発表する機会があったからこそ、娘は場慣れして、その後コンサートなどで人前に出ても緊張したり、物怖じしたりしない性格が養われました。

娘はハーバード大学入試の際の面接でもまるで緊張しなかったと語っています。最近も、ニューヨークのハーバード卒業生の豪邸に招かれて、サロンでバイオリンのミニコンサートを開く機会があったそうですが、その報告をしてくれたとき娘は「自分のトークでゲストたちが5分に1回はウケていた」と大喜びしていました。かなり年上の先輩たちに囲まれて演奏しなければならないというシチュエーションを楽しめる度胸というのは、小さい頃から様々な人に囲まれるオープンな空間で「何を言ってもいい」という経験を重ねていたからこそついたのでしょう。

ハーバード大のスピーチでも、5分に1回笑いを取るのは条件のようなものです。このような臨機応変なコミュニケーション力は、一つの問題に一つの答えしか用意されていない学校の試験や宿題ではけっして身につきません。**雑多な人が集い、リラックスして思い思いに語り合うホームパーティは、どんな場所、どんな相手でも物怖じせずに入り込んで**

発言できるコミュニケーション力を磨いてくれる格好の場なのです。

どんな天才や秀才でも、たった一人で何かを成し遂げることはできません。異なる文化的、社会的な背景を持つ人たちと親密にコミュニケーションを交わして協力し合う必要があり、そのためには心を開いてオープンにしておく必要があります。**オープンマインドで誰とも分け隔てなく接していれば、自然に人の輪ができて味方も増えてきます。**

ホームパーティの効用はそれだけではありません。

ホームパーティでは、おもてなしの一環として玄関やテーブルに花を飾ったり、季節に合わせた飾り付けをしたりします。こうした準備は、**感性や美意識を磨くチャンス**。すみれにも子どもの頃から、花や料理の食材の買い物へ連れて行きました。「もう桃の季節だね」「銀杏の季節だから炊き込みご飯に入れたら盛り上がるよ」といった会話から、教科書では学べないことを吸収していたと思います。

これからの時代では、あらゆる分野でＡＩが活用されるようになります。そういう時代だからこそ、前述のようにＡＩには処理できない人間らしいアーティスティックな感性はより一層重視されるでしょう。いろいろな職業がＡＩに淘汰されるようになっても、人懐っこいママさんのいるスナックはけっしてなくならないと言われています。それと同じように人間らしい感受性はＡＩ時代にこそ大きな武器となります。

社交的でなくてもＯＫ。肩の力を抜いてホームパーティをマネジメント

私は社交的ではないから、ホムパなんて無理……。そんな不安は無用です。私自身、けっして社交的ではありません。ホムパと聞くとつい身構えてしまう人もいるようですが、肩の力を抜いてホストが率先して楽しんでください。

私がホームパーティを開くときにいちばん気をつけているのは、ゲストに「今日は時間を作って参加してよかったな」とちょっぴり得した気分で帰ってもらうこと。それこそがおもてなしの本質だと思っています。

「行ったことがない国の珍しい料理が食べられた！」

「飲んだことのないお酒が美味しかった！」

「留学生と英語で話せて楽しかった！」

そういった小さな感動と得した気分を味わってもらうために、ちょっとした努力と気配

りを怠らないようにするだけでいいのです。

はじめは不慣れで上手にホムパをマネジメントできなくても、季節ごとに一回程度のペースで続けていると〝習うより慣れろ〟でそのうち少しずつ上達します。

シンプル・イズ・ベストでリビングやLDKに不要なものがなければ、準備はごく簡単。玄関に花を飾ってハレの雰囲気を演出したら、リビングの大テーブルに料理を並べて、椅子を用意するだけ。メインの料理を並べる大テーブルだけだとそこに人が集中して交流や回遊の機会が減るおそれがあるため、別にコーヒーテーブルを用意し、チーズやデザート、コーヒーやワインなどをセッティングしておきます。チーズやワインがほしい人は、そこからめいめい自分で取り分けたりついだりするので、自然に人の動きができます。

料理はケータリングだと味気ないものですが、かといってホストが全部準備しようと張り切りすぎるとおおごとになります。気軽でおすすめなのは、ポットラック（potluck）形式。ポットラックとは、参加者が料理やお酒などを持ち寄って行うパーティです。ゲストに外国人が混じっていると、日本であまり食べたことがないような郷土料理やお酒が出てくるので楽しいですし、盛り上がります。

ホスト側はメインとなる大皿料理を2～3品用意しておきます。パーティが夕方6時からスタートするとしたら、料理上手の友人たちに早めに手伝いに来てもらい、午後3時くらいから軽く飲みながら料理の準備を始めるのです。娘も準備を手伝ってくれました。もちろん「手伝いなさい」とｔｅｌｌするのではありません。大人たちがわいわい楽しそうに準備をしていたら、子どもも仲間に入りたくなるものです。

我が家では、タジン鍋でモロッコ料理を作ったり、パエリア鍋でパエリアを作ったり、鮮魚を丸ごと1尾岩塩で包んで焼いたりするなど、平日は面倒で作らないようなハレの料理を楽しみながら作るようにしていました。熱々の鍋ごと出したり、大皿に盛りつけたりするなど、場を盛り上げるフードプレゼンテーションをしておくと、見た目のインパクトから会話が弾むきっかけになります。

我が家ではパーティでは少々凝った料理を作っていましたが、その代わり普段の食事はシンプルでした。働きながら家庭教育をしようとすると、料理に割ける時間は限られます。料理研究家の土井善晴さんが「一汁一菜があれば十分」という提案をしていますが、私も毎回一汁三菜にこだわらなくていいと思います。ましてや、「他のお母さんたちも頑張っているから、私もキャラ弁を作らないといけない」と同調圧力に負けなくてもいいのです。日本のお母さんたちは料理を少し頑張りすぎです。

以前ニューヨークで、夕方、友人の女性弁護士のマンションへ遊びに行ったら、「これから夕飯を作るけど、一緒に食べない？」と誘ってくれました。ニューヨークの多忙なワーキングマザーが何を作るのか興味津々で見ていると、彼女はオーブン皿にチキン、じゃが芋、にんじん、ブロッコリーなどを並べたら、塩、こしょうして、オリーブオイルを回しかけてオーブンに入れるだけ。オーブンで調理している間に家事をささっと済ませて、20分後にはこんがり焼き上がった料理をその友人夫婦と娘さん、私と娘の5人でいただきました。日本人ならあと2～3皿作りたくなりますが、これでも美味しくて栄養バランスは十分なのです。

ひろつる流ホームパーティのマストアイテム7

ホームパーティには「こうでなくてはならない」というプロトコルも堅苦しいルールもありません。好きなスタイルで楽しめばいいのですが、参考のために私がホームパーティを開くときに活用しているアイテムトップ7を紹介しましょう（222ページ 図26）。

①大テーブル

リビング学習に使用する大テーブルが、ホームパーティでも大活躍。大きなテーブルには、不思議と人が集まるものです。ある友人は、もともと人を招く習慣はなかったのに、私が日頃から大テーブルの効用を説いているためついに導入。その途端、ホームパーティを開くようになったくらいです。ソファより大テーブル。騙されたと思って試してみてください。

②スタッキングチェア

不可解なのは、日本の家庭に付き物のいわゆるダイニングセットです。椅子は4脚、あるいは6脚と、家族の数＋せいぜい1～2脚しかテーブルにセットされていません。それ以上の人数を招くことは想定されていないのでしょう。ところが、**椅子の数だけ人は集まってくる**ものなのです。アメリカ人には床でもどこでも気にせずに座る人もいますが、なかには椅子がないと座らない文化もあります。座る場所があるところに人は集まるのです。かといって立派な椅子である必要はありません。1000円程度の軽くてスタッキング（積み重ね）できるスツールなら、使わないときは重ねて収納できるので邪魔になりません。

③ミニテーブル

普段はリビング学習にも使っているメインの大テーブルとは別に、コーヒーテーブルなどを用意し、そこにチーズやデザート、ワインなどをセッティングしておきます。自然と「ヘルプ・ユアセルフ」の気取らない雰囲気が演出できますし、じっとテーブルに座っていることがなくなるので、ゲスト同士の交流も活発になります。

④大皿

小皿に料理をちまちま盛ると準備が大変。大皿に豪快に盛りつけ、参

写真25 テーブルに大皿や鍋ごとドン！と出すだけで盛り上がる。上）ローストビーフサラダ　下）吹き寄せご飯

加者が食べたい分だけ自分で取り分けるブッフェスタイルだとラクです。土鍋やホーロー鍋で調理した料理をそのままテーブルに出すのも盛り上がります（写真25）。

⑤紙皿

万一落として割ったらどうしよう……。そんなふうにゲストが恐縮してしまうようなブランド物の皿では逆におもてなしになりません。取り分ける皿は使い捨てができる紙皿が便利。終わってから洗い物をする手間ひまを省力できます。１００均やコンビニで売っているよくある白い紙皿ではなく、ネットなどでキレイでカラフルな紙皿を探すと、テーブルが華やぎ、ゲスト同士が取り皿を取り違えるのを防ぐこともできます。

⑥紙ナプキン

紙ナプキンは安価なものですが、凝ったテーブルセッティングをしなくても、これさえあれば意外とテーブルは華やかになります。私はどこへ行っても必ず雑貨店をのぞいて、美しい紙ナプキンを探します。春なら桜をあしらったもの、夏ならスイカや貝殻がデザインされたもの、秋なら栗や月がデザインされたもの、冬なら雪だるまやクリスマスカラーのものを買い求めてストックし、使い分けてさり気なく季節感を演出します。

⑦キャンドル

明かりが蛍光灯だとオフィスっぽくなってしまうので、我が家のリビングはリラックスできる暖色系の間接照明にしています。さらにパーティのときは照明を少し絞り、大テーブルのあちこちにキャンドルを飾って灯します。我が家では、キャンドルのまわりに庭で育てているハーブを飾ったり、散歩で見つけてきた木の実や枝を飾ったりすることも。ハーブのナチュラルでリラックスできる香りが部屋中に漂います。

ホームパーティといっても、大げさに考えなくていいのです。気軽な食事会のつもりで、みんなが同じ空間と時間をシェアして、楽しむことがすべてです。オープンに楽しんでいる大人たちの姿をｓｈｏｗすることで、子どもたちは多くを学んでくれるはずです。

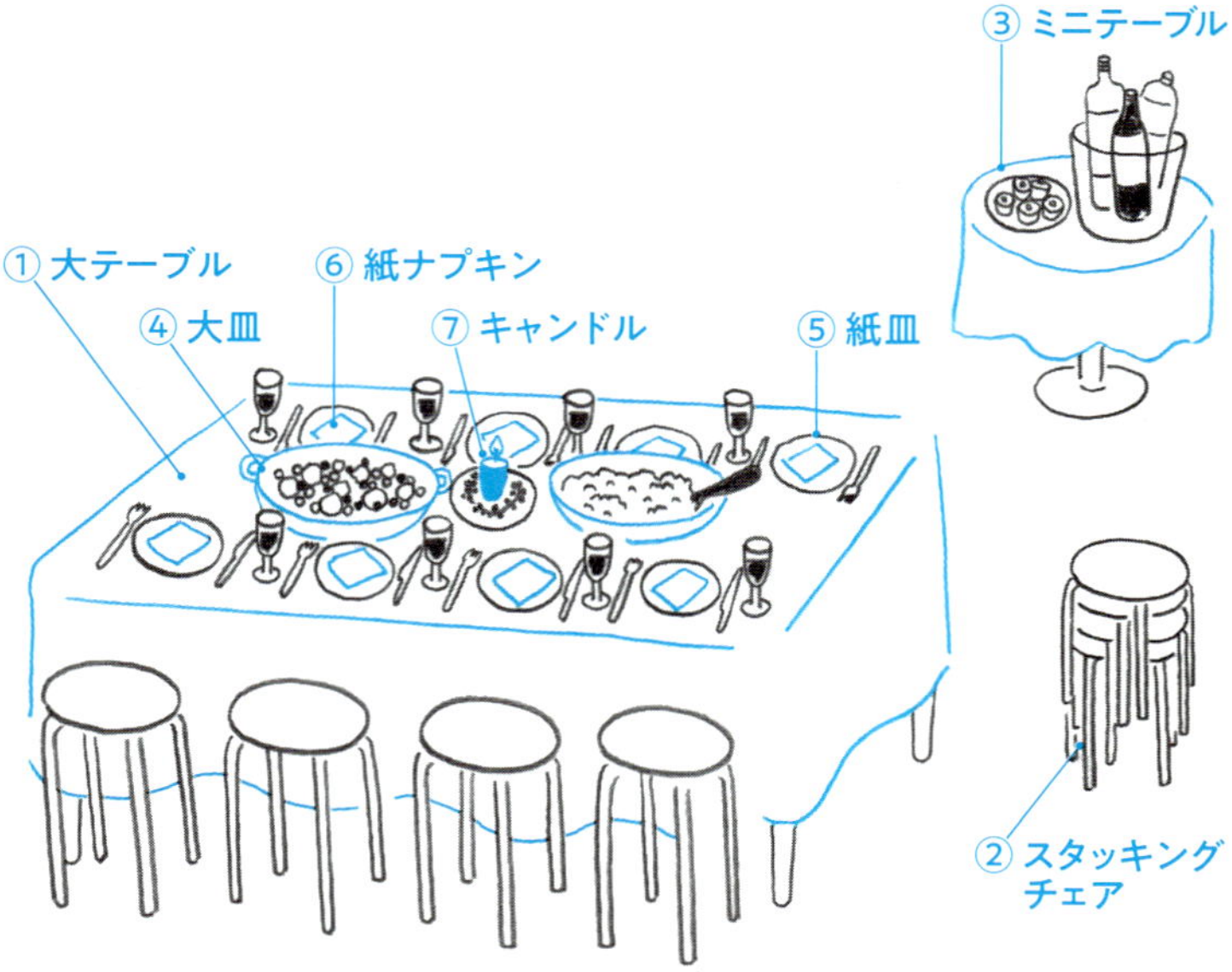

図 26　我が家のパーティのテーブルセッティングはこんなふう。ゲストが気を使わず、みんなの会話や交流が盛り上がることがいちばんです。

復習 家庭教育で大切にしたい10ヵ条

❶「アンコンディショナル・ラブ（どんなときも、何があってもあなたの味方です）」と「フル・アテンション（いつもあなたを見守っています）」をつねに与え続ける。

❷「小さいからまだできるはずがない」は思い込み。あなたの子どもはあなたではないのです。子どもの無限大の可能性を信じる。

❸ユーモアと笑いは不可欠。子どもを頭ごなしに問い詰めたりせず、失敗は笑い飛ばす。

❹家庭教育は準備が10割。準備しておいたら、あとは子どもの横でニコニコ見守ること。

❺「○○しなさい」はNGワード。「Show, don't tell.」の精神で、お母さん、お父さんがお手本を見せる。

❻リビングにはソファより大テーブル。いつでも何でも発言できて、笑顔に溢れた会話が交わせるオープンな雰囲気作りを。

❼「さあ、始めますよ！」といちいち言わずに巻き込んで、飽きる1分前にやめる。

❽子どもを試さず、間違いはスルーする。

❾少しでもできたら褒めまくって、たくさんハグをする。

❿子どもはお母さん、お父さんが大好き。子どもの目の前で「うちの子は○○ができなくて」とディスらない。

廣津留 真理 Mari Hirotsuru

ブルーマーブル英語教室代表／一般社団法人Summer in JAPAN代表理事・総合プロデューサー／株式会社ディリーゴ代表取締役
大分県在住。翻訳業を経て、一人娘のすみれさんへの家庭内での徹底した学習指導経験を踏まえて編み出した独自の「ひろつるメソッド」を確立。現在、1)幼児から大学受験生までが一緒に学ぶ無学年制の英語教室　2)現役ハーバード生やスタンフォード生による国際交流とグローバル人材育成を目的としたサマースクール「Summer in JAPAN(SIJ)」　3)「親力」を育てるワンコインセミナーという3つを柱に活動。SIJの活動により、2014年、経済産業省の「キャリア教育アワード奨励賞」受賞。著書に『世界に通用する一流の育て方』(SBクリエイティブ)、『英語で一流を育てる』(ダイヤモンド社)ほか。
http://dirigo-edu.com/

装　丁　渡邊民人（TYPEFACE）
本文デザイン　吉名　昌（はんぺんデザイン）
撮　影　林　桂多（講談社写真部）
イラスト　須山奈津希
料　理　濱田彩美
構　成　井上健二
カバー写真　アフロ

世界《せかい》基準《きじゅん》の子《こ》どもを育《そだ》てる
成功《せいこう》する家庭《かてい》教育《きょういく》　最強《さいきょう》の教科書《きょうかしょ》

2018年3月27日　第1刷発行

著　者　廣津留真理《ひろつるまり》
発行者　渡瀬昌彦
発行所　株式会社講談社
〒112-8001 東京都文京区音羽2-12-21
電話 03-5395-3606(販売)　03-5395-3615(業務)
編　集　株式会社講談社エディトリアル
代表　堺　公江
〒112-0013 東京都文京区音羽1-17-18 護国寺SIAビル6F
電話 03-5319-2171
印刷所　慶昌堂印刷株式会社
製本所　株式会社国宝社

N.D.C.379.9　223p　19cm
ISBN978-4-06-220994-6